Reinventa Tu Éxito

Por el Dr. Harvey Castro

Copyright © 2020

Beverly Hills Publishing

Todos los derechos reservados

ISBN: 979-8-67-309990-2

La información y las descripciones presentadas en este libro y en los boletines y en el sitio web de Success Reinvention están destinadas a adultos que sean mayores de 18 años, y son únicamente destinados para fines informativos y educativos. El Dr. Harvey Castro no brinda asesoramiento legal, psicológico o financiero. Antes de comenzar cualquier nueva rutina de desarrollo comercial o personal, o si presentas inquietudes legales, psicológicas o médicas específicas, debes consultar a un profesional médico, financiero, legal u otro profesional.

Cualquier reproducción, republicación u otra distribución de este trabajo, incluida, entre otras, la duplicación, copia, escaneo, carga y puesta a disposición a través de Internet o cualquier otro medio, sin el permiso expreso del editor, es ilegal y punible por la ley, y la adquisición consciente de una reproducción no autorizada de este trabajo puede someter al adquirente a responsabilidad. Por favor, compra solo ediciones electrónicas o impresas autorizadas de este trabajo, y no participes ni fomentes la piratería electrónica de materiales con derechos de autor. Se agradece tu apoyo a favor de los derechos de autor.

Este documento está dirigido a proporcionar información exacta y confiable con respecto al tema cubierto. La publicación se vende con la idea de que el editor no está obligado a prestar servicios de contabilidad, permitidos oficialmente o de otra manera calificados. Si el asesoramiento es necesario, a nivel legal o profesional, se debe dirigir a un individuo practicado en la profesión.

– De una Declaración de Principios que fue aceptada y aprobada igualmente por un Comité de la Asociación Americana de Abogados y un Comité de Editores y Asociaciones.

De ninguna manera es legal reproducir, duplicar o transmitir ninguna parte de este documento en forma electrónica o impresa. La grabación de esta publicación está estrictamente prohibida y no se permite el almacenamiento de este documento a menos que se cuente con un permiso por escrito del editor. Todos los derechos reservados.

La información proporcionada en este documento se declara veraz y consistente, ya que cualquier responsabilidad, en términos de falta de atención o de otro modo, por el uso o abuso de cualquier política, proceso o dirección contenida en este documento es responsabilidad absoluta del lector receptor. Bajo ninguna circunstancia se tendrá responsabilidad legal, o culpa alguna, contra el editor por cualquier reparación, daño o pérdida monetaria debido a la información aquí contenida, ya sea directa o indirectamente. Los autores respectivos son dueños de todos los derechos de autor que no posee el editor. La información aquí contenida se ofrece únicamente con fines informativos, y es universal como tal. La presentación de la información no tiene contrato ni ningún tipo de garantía.

Las marcas comerciales que se utilizan no tienen ningún consentimiento, y la publicación de la marca comercial no tiene permiso ni respaldo del propietario de la marca comercial. Todas las marcas comerciales y marcas de este libro son solo para fines de aclaración y son propiedad de los propietarios, no afiliados a este documento.

©2020 y más allá, Beverly Hills Publishing. Todos los derechos reservados.

CONTENTS

DEDICATORIA	9
AGRADECIMIENTOS	10
INTRODUCCIÓN	11
Errores Tipográficos	19
Puntos Clave	23

Capítulo 1:

La Escalera de la Productividad   24

"Por Qué" lleva a "Qué"	27
Puntos Clave	40

Capítulo 2:

Planificar los Obstáculos y Poner en Orden tu Casa   41

La Mejor Defensa es Anticiparse al Ataque	48
No Puedes Predecir Cada Obstáculo	56
Puntos Claves	63

Capítulo 3:

Tu Plan de Éxito   64

Un Relato de Tres Lentes	67
La Importancia de Tomar Medidas	72
Asumiendo la Responsabilidad	74
Harvey Reivindica Sus Fracasos	75
Tomando un Respiro	77

Miedo al Cambio	80
Sientete Cómodo con el Cambio	81
Imagina el Cambio	81
Miedo a lo Desconocido	83
La Importancia de la Tutoría	84
La Importancia de Pensar Positivamente	86
Vivir en el Momento Presente	87
Contando tus Bendiciones	87
Puntos Clave	89

Capítulo 4:
Secretos para la Reinvención   90

Aléjate del Ruido	98
Hazte Amigo del Tiempo	100
Convierte lo Negativo en Positivo	101
Encuentra un Mentor	103
Recuerda Divertirte	106
Puntos Clave:	112

Capítulo 5:
Celebra tus Triunfos   113

Los Pobres con Alto Rendimiento	115
El Problema de la Gratificación Instantánea	119
Los Beneficios de la Celebración	121
¿Cómo Vas a Celebrar?	123
Por Qué la Gente No Se Felicita a Sí Misma	126
La Zona Gris	130
Cómo Aprender a Celebrar	131
Puntos Clave:	140

Capítulo 6:
Reinvéntate   141

El Objetivo	146
La Caja de Herramientas	147
Los Peligros de Renunciar Mientras Estás en Marcha	147
Establece tus Objetivos en Alto	150
Reevalúa Tus Objetivos Cada Año	150

Sé Cuidadoso Con Los Cumplidos	152
Invitar a la Crítica	154
El Peligro de Ganar Cada Argumento	155
Cómo Invitar con Éxito a la Crítica	156
Deja De Lado Las Identidades Que Te Socavan	159
Deja Ir Las Identidades Que Te Pueden Ser Arrebatadas	161
Disfruta del Ascenso	162
Puntos Clave:	164

Capítulo 7:
Dominio Del Siguiente Nivel — 165

Sorprendiendo A Todos, Incluso A Ti Mismo	166
¿Qué es el Dominio?	171
Los Tres Pasos Para El Dominio	174
Verlo	174
Hacerlo	177
Enseñarlo	179
Dominar la Reinvención	182
Puntos Clave:	186

Capítulo 8:
La Clave Para La Realización Personal — 187

¿Cuándo Deberías Empezar A Retribuir?	193
Sobre Ese Traje...	197
El Desafío De Dios	198
Dar Por La Enseñanza	201
Volverse Congruente	203
Reinventarse Como Dador	205
Puntos Clave:	209

Capítulo 9:
Honra Tu Legado — 210

Poniendo Las Cosas En Perspectiva	213
Etapas De La Vida	216
Las tres etapas de Harvey Castro...	217
Jubilación	220

Poner En Orden Tu Casa	223
Formas De Dejar Un Legado	228
Cuanto Más Das, Más Recibes	230
Fe	231
Puntos Clave:	233

Capítulo 10:
La Fuente de mi Inspiración   234

Puntos Clave:	254

DEDICATORIA

Me gustaría dar las gracias al Señor, a mis hijos, a mi madre y a mis amigos más cercanos. Cada experiencia positiva y negativa en mi vida me ha ayudado a crecer como persona. Hay dos maneras de aprender... 1) a través de tus propias experiencias; y 2) a través de la experiencia de otros. A través de este libro, espero que aprendas de las experiencias de los demás, especialmente de sus errores, para no tener que aprender esas lecciones de la manera más difícil.

AGRADECIMIENTOS

Me gustaría agradecer a todas las personas que me ayudaron durante el proceso de escribir este libro. Quiero agradecer a todos los padres solteros que están criando a sus hijos solos y son los verdaderos héroes de mi libro. También quiero agradecer a la editorial Beverly Hills por ayudarme durante las diferentes etapas de este libro.

INTRODUCCIÓN

Cualquiera que intente convencerme de que una determinada persona no puede hacer que ocurran milagros... bueno, digamos que perdieron esa batalla cuando yo tenía tan solo cinco años. Ese fue el año en que mi padre abusivo me secuestró y mi madre, de 21 años, me rescató en persona en un camión.

Ninguno de los antecedentes de mi madre la habría elegido para este tipo de papel de superhéroe. Ella creció en Colombia, pero su padre decidió mejorar las condiciones de su familia. La esposa de mi abuelo lo dejó con tres hijos y se mudó a los Estados Unidos para comenzar una vida nueva. Después de establecerse económicamente, mi abuelo llamó a su hija y a sus dos hijos para que vivieran con él en los Estados Unidos.

Mi madre llegó a la tierra prometida de América a la edad de 13 años, llena de emoción y expectativas... solo para descubrir que iba a ser la Cenicienta en el nuevo hogar de su padre. Mi abuelo se había vuelto a casar y, como una madrastra malvada, su nueva esposa quiso más a su hija biológica, que tenía casi la misma edad que mi madre, e hizo de la vida de mi madre un infierno.

Después de cinco años de toda esa situación absurda, mi madre estaba lista para tomar cualquier escalera de escape que se le presentara. Esa escalera llegó en la forma de mi padre, un hombre guapo y encantador, que conoció a mi madre y rápidamente le pidió su mano en matrimonio al patriarca de la familia. Mi madre se convirtió en esposa a los 15 años, solo para lograr escapar de ese hogar tan tóxico.

Reinventa Tu Exito

Todavía tengo fotos de la boda, y me llena de vergüenza. Parecía que los niños se podían casar a su edad. Según los estándares de hoy, eso es exactamente lo que es. Pero para el mundo en ese momento y especialmente para las culturas latinas, esa era la única opción para salir de la cárcel que una hija joven y atormentada tenía que aguantar: casarse, y comenzar su vida.

Comencemos asumiendo que lo hicieron. Mi madre me dio a luz a los 16 años. Mi padre no perdió el tiempo en establecer el patrón de comportamiento que definiría su vida: intoxicado, abusivo e inestable. Golpearía a mi madre, y cuando yo lloraba demasiado, como usualmente hace un bebé, me golpeaba. Todavía lucho con la tristeza de saber que mi padre trataba a un bebé así.

No tengo memoria de eso, por suerte, pero mi cariñosa madre estaba petrificada. Ella creía con todo su corazón que su esposo eventualmente mataría a su pequeño hijo estando borracho. Ella probablemente tenía razón.

Con la misma determinación que la liberó del yugo de su malvada madrastra, me llevó a un lugar seguro, dejando a mi padre en la oscuridad de la noche sin apenas una nota diciéndole a dónde iba.

Así comenzó la odisea de mi madre por un camino que muchos de ustedes lectores conocen muy bien, y que sé desde mi propio divorcio: ser madre o padre soltero. Soy relativamente afortunado, comparado con mi madre. Mi mamá era joven, sin educación, inmigrante. El inglés fue su segundo idioma. Consiguió su certificado de estudios secundarios (GED) por pura fuerza de voluntad, pero tuvo que ganarse la vida trabajando dos, tres, incluso cuatro trabajos al mismo tiempo, teniendo que trabajar los fines de semana y las noches solo para poder pagar el alquiler. Su objetivo fue que yo pudiera cumplir el sueño americano. Ella quería asegurarse de que tuviera la mejor educación que ella podría darme.

Sus dos hermanos la ayudaron hasta donde pudieron. Uno de ellos recibió educación y se convirtió en un hombre de negocios muy exitoso, y siempre estaba lleno de dinero. El otro tenía una inteligencia callejera, pero nunca fue a la escuela y finalmente se convirtió en cantinero. Fue interesante crecer con estos dos modelos tan diferentes.

Sin embargo, cuando era un niño pequeño, el tío cantinero me ayudó más. No tenía mucho, pero lo que tenía lo compartía con su hermana luchadora y su sobrino. Él venía con alimentos y mi mamá cocinaba para él. La excusa era que él no sabía cocinar y necesitaba la experiencia culinaria de mi mamá. Recuerdo que me pregunté a mí mismo por qué nos traía comida cada semana. Más tarde, supe que traía víveres para que mi mamá y yo pudiéramos comer.

Tampoco tenía idea de por qué este dinero de aspecto extraño seguía apareciendo en el correo todos los meses. Aparentemente así eran los cupones de alimentos antes de que las tarjetas SNAP se convirtieran en algo común. Los niños son gloriosamente despistados y alegremente resistentes. Recuerdo que siempre tuve leche y queso. No me di cuenta de que esta comida era un problema del gobierno. No tenía idea de que éramos pobres. A mi modo de pensar, así es como era normalemnte la vida. Probablemente habría tenido la misma aceptación de nuestras circunstancias si hubieramos vivido en un motel, en la parte trasera de una camioneta o en una tienda de campaña en medio del bosque.

Hay cosas peores que le pueden pasar a un niño que crecer pobre. Una de las peores posibles me sucedió cuando mi papá regresó a mi vida después de cinco años de ausencia.

Me convertí en un niño independiente a la edad de cuatro años. Mi madre me dio una llave de la casa atada a un lazo, me la colgó del cuello y dijo:

—No le muestres a nadie esta llave, Harvey. Mantenla fuera de la vista y cuídala mucho. Te llevará a casa a salvo cuando tenga que trabajar.

No la culpo por lo que pasó. Tal vez tuvo pesadillas al respecto, pero tuvo que correr el riesgo porque el desalojo era un monstruo incluso más aterrador. Tal vez ella confiaba en mis instintos. Tal vez ella solo sabía que si sucedía lo que tuviera que suceder, ella tendría el valor para hacer lo que terminó haciendo. Tuve que crecer más rápido que la mayoría de los niños. Tenía que ver el mundo de manera diferente a los cinco años que la mayoría de mis compañeros. Me hizo apreciar tantos aspectos de la vida que siento que otros no lo hacían de esa forma.

Lo que sucedió fue que mi padre apareció de la nada, me siguió a casa y volvió a aterrorizar a mi madre como si no hubiera pasado un solo día.

—Tengo derecho a ver a mi hijo —gritó este hombre que ni siquiera reconocí.

Mi madre ocultó su terror debajo de una fachada confiada y aceptó las visitas de fin de semana, por temor a que mi padre: a) le impusiera una demanda que no podía permitirse, o b) hiciera algo drástico y violento.

Así que empaqué mi pequeña mochila para mi primer fin de semana con mi papá, e inmediatamente me secuestró. Subimos a su auto, y él me miró y me dijo:

—Nunca volverás a ver a tu madre. Tu madre nunca quiere volver a verte. Ella solo quiere que te críe, y de ahora en adelante, eres solo mío, así que olvídate de tu madre.

Estaba aterrado. Mi mamá era mi mundo entero, y no confiaba en este extraño por un segundo, así sea mi padre biológico o no. Pero yo tenía cinco años. ¿Qué puedo hacer? Un niño de cinco años no puede luchar exactamente contra un hombre adulto. Además, básicamente creía que *Plaza Sésamo* era un lugar real. Aquí estaba un adulto, a quien me dijeron que era mi padre, diciéndome "Tu madre ya no te quiere". ¿Y si eso fuera cierto?

Me llevaron a la casa de mi padre, donde descubrí a mi *propia* "madrastra". Estaba en la misma situación que mi madre había enfrentado, bajo la sombra del abuso y comportamiento errático de mi padre. Mi padre le ordenó que me afeitara la cabeza para que no me reconocieran, y me inscribí en una nueva escuela con un nuevo nombre. En las próximas semanas, mi padre dejó en claro a su familia que yo era el favorito, que yo era "el hombre". Creo que él pensó que yo era inteligente e ingenioso, y que probablemente tendría éxito. No puedo culparlo por su presagio. Creo que me percibió como el niño que eventualmente podría llevar su nombre y hacerlo sentir orgulloso.

Ponte en los zapatos de mi madre. Había perdido a su padre, su madre, su tierra natal, a su esposo. Todo lo que ella tenía era su hijo, y ahora él se había ido sin dejar ningún rastro, secuestrado, desaparecido. La policía no fue de gran ayuda. El infierno que debe haber pasado. ¿Qué podía hacer ella? Padres que estén leyendo esto ahora, ¿qué harían *ustedes*?

No lo averiguaría hasta más tarde, pero esto es lo que hizo mi madre. Hizo una lista de todas las escuelas primarias de la ciudad de Nueva York e hizo un plan. Un plan que la llevaría a todas las escuelas de esa lista. Todavía tenía un alquiler y facturas que pagar. Todavía mantenía tres trabajos.

Pero ella fue Alan Turing en su horario. Ella rogó, pidió prestado y consiguió con artimañas para que su turno comenzara por la noche. Luego, podría ir a una escuela primaria por la mañana y ver a los niños entrar, buscando mi cara entre ellos. Ella cronometró los descansos para el almuerzo escolar para poder ver a los niños en el patio de la escuela. Su trabajo diario era encontrarme. Ella aprovechó todas las oportunidades que se le ocurrieron para encontrarme.

Ella hizo esto por meses. Visitaba tres escuelas al día, haciendo malabarismos entre sus trabajos, buscando al hijo que estaba aprendiendo a aclimatarse a su nueva vida, como el cautivo favorito de una familia tóxica, aclimatándose gradualmente a la idea de que su madre, con el extraño dinero que llegaba mensualmente, no lo quería. Mi madre fue a la policía. Para su consternación, le dijeron:

—¡Esto no es secuestro, ya que el niño está con su padre! — no puedo imaginar cómo debió haberla hecho sentir eso, que le hayan dicho que había perdido a su hijo y que estaba sola.

Finalmente, después de 6 meses de una búsqueda perpetua, me vio en una de las escuelas. Los padres entre mis lectores, ¿qué habrían hecho? Yo sé lo que habría hecho, si uno de mis hijos hubiera estado desaparecido y hubiera pasado meses tratando meticulosamente de encontrarlo. Hubiera corrido gritándole a mi bebé, lo hubiera recogido y no lo hubiera dejado ir hasta que me arrestaran por poner en peligro a un niño por asfixiarle demasiado.

En todos estos 21 años, mi madre no hizo eso. Ella se mantuvo tranquila. Ella hizo un plan. Para robar algo, incluso algo que es legítimamente suyo, necesita un vehículo de escape.

La mejor amiga de mi madre estaba saliendo con un camionero que estaba en la ciudad en ese momento. Él era comprensivo y dispuesto, y prestó su camión de 18 ruedas (menos la carga) al plan. Él era el conductor de la escapada.

La esposa embarazada de mi padre llegó para recogerme de la escuela y me tomó de la mano como lo había hecho regularmente durante meses. Estaba caminando con ella, tratando de adaptarme a esta nueva normalidad, cuando de repente vi la hermosa cara de mi madre a la distancia, su mano me saludaba.

Mi madrastra asustada también la vio. Ella se tensó, apretó su mano y comenzó a arrastrarme en una dirección diferente.

Mi mamá se puso en acción. Ella nos persiguió y agarró mi otra mano. Fui por un momento la cuerda en un tira y afloja entre mi amada madre y mi odiada madrastra.

—¡No! —gritó la esposa embarazada de mi padre—. ¡No puedes ir con ella! —ella clavó sus uñas pintorreteadas en mi mano, lo suficientemente profundo como para extraer sangre. Todavía tengo cicatrices en mi mano como recordatorio de esa terrible experiencia.

Mi madre se había cansado de esperar. Físicamente venció a mi madrastra, me alejó de sus garras y me llevó rápidamente al semi camión que nos esperaba. Era enorme. No pude subir a él sin ayuda. Una vez que me metieron en la cabina, nos escapamos. Absolutamente mi madre sabía cómo escaparse.

Mi madre me llevó directamente a casa. Estaba emocionado y aliviado, pero ella me dijo que no me acomodara, que teníamos que irnos en quince minutos.

—Tu papá vendrá aquí y te robará de nuevo —me dijo— debemos irnos ahora y movernos de inmediato —empaqué frenéticamente algo de ropa y juguetes mientras mi madre se movía de un lado a otro, encontrando otro apartamento para nosotros en una hora. Más tarde descubrí, para mi horror, que mi padre había aparecido en nuestro antiguo departamento horas después y golpeó al superintendente, exigiendo saber a dónde nos habíamos mudado.

Te Presento a Mi Madre

En muchos sentidos, mi mamá es la heroína de este libro. No lo estaría escribiendo a no ser por ella. Ella violó las leyes; ella se hubiera roto los huesos. Ella me dio todo, incluso, me registró con una dirección falsa para que pudiera asistir a mejores escuelas.

Ella me amaba incondicionalmente.

—Harvey —solía decir—, si hiciste lo peor en tu vida y mataste a alguien, quiero que te sientas tan cómodo para que te acerques a mí y me digas: 'hey, maté a esta persona' y yo voy a estar aquí como tu madre y voy a ayudarte, y voy a hablar contigo y vamos a trabajar juntos en esto —me alegro de que nunca tuve y nunca tendré que probar lo que me dijo.

Más productivamente, ella dijo:

—Harvey, quiero que creas en ti. Si quieres ser el Presidente de los Estados Unidos, quiero que creas y sientas que serás el Presidente de los Estados Unidos. Solo tienes que desearlo mucho.

Dado lo que pasó para rescatarme del peligro, apenas estaba en condiciones de estar en desacuerdo. Cada diploma que obtuve, cada honor que obtuve (licenciatura, maestría, residencia, todo) se lo dediqué a ella y se lo di para su custodia. En mi mente, no había obtenido ese título; los dos ganamos ese grado. Cada vez que cruzaba el escenario para aceptar un diploma, caminaba directamente hacia mi madre y se lo dedicaba. Quería que celebrara cada grado como si fuera suyo. Desafortunadamente, todos esos grados fueron destruidos junto con el resto de sus posesiones en el huracán Harvey. Juro que es una coincidencia. He querido ordenar que se reproduzcan los títulos para que pueda tenerlos en su nuevo hogar. Si nos encontramos en la firma de un libro, pregúntame si ya lo he hecho. Si digo que no, regáñame.

No todos están bendecidos en sus vidas con una madre espectacular. De sus madres, algunas personas sienten desilusión en lugar de aliento, recriminación en lugar de amor incondicional. Para aquellos de ustedes que se identifiquen con esos casos, mi madre es ahora su madre. Es uno de los muchos regalos que espero hacer con este libro.

Errores Tipográficos

No quería ser presidente de los Estados Unidos. Envejecen demasiado rápido mientras que están en el cargo. ¿Quizás algo con un mejor equilibrio en la relación trabajo-vida? ¿Un congresista tal vez? ¿O tal vez algo más respetable, como un médico?

En caso de que nunca hayas asistido a la escuela de medicina, deja que levante algunas cortinas por ti. Tú lees libros. Muchos libros. Y no estamos hablando de libros de bolsillo sencillos. Piensa en el salario de un día en un trabajo de clase media. *Tal vez* eso te consiga *uno* de los libros.

¿Qué pasaría si necesitaras varios miles de dólares en libros para obtener el título que desbloqueara tu carrera elegida, pero no tuvieras esos miles de dólares? ¿Qué harías?

La respuesta estándar es solicitar préstamos estudiantiles, una institución anteriormente benigna que ahora trabaja bajo prácticas corruptas de cobranza y el detalle molesto de que no puede declarar préstamos estudiantiles en bancarrota.

Bueno. Está bien. Pero, ¿y si pensáramos más allá de los límites? De hecho ya empezamos ¿Cuántos de ustedes están haciendo un inventario de cuáles de sus amigos podrían estar saliendo con un conductor de camión en caso de que necesiten rescatar a su hijo?

Así que dejemos ese pensamiento. Algunos de ustedes pueden haber gastado mucho dinero en libros de texto académicos, solo para notar que están llenos de errores. Errores tipográficos, inconsistencias, incluso, de falsedades ocasionales. Es posible que hayas encontrado algunos de estos y te hayas preguntado por qué pagaste tanto dinero por estos limones.

Mi solución para obtener libros de texto gratuitos fue llamar o enviar correos electrónicos a los editores y fabricantes de varios libros de texto MCAT. Mi propuesta de valor era simple: "Sé que los libros de texto tienen errores. Si me das este libro gratis, lo editaré e identificaré los errores sin costo adicional para ti".

Cuando comparas el costo del libro con el salario de un editor con experiencia médica, salía ganando. En comparación con el costo de dicho editor de copias versus el costo que tomó fabricar ese paquete de papel, tinta y pegamento, *ellos* estaban obteniendo una ganga. Como era de esperar, muchas de las empresas dijeron que sí. Me encontré siendo el orgulloso propietario de miles de dólares en libros de texto de medicina, sin sacar nada de mi bolsillo.

Mientras estudiaba los libros, cada vez más preparado para el MCAT (siendo beneficioso para mí) tomé nota de los errores y los presenté a los editores. En el proceso, me hice amigo de los editores y fabricantes que estaban agradecidos por mi trabajo gratuito.

—Hey —dijo uno de ellos—, cuando seas médico, háznoslo saber.

Podría haberme endeudado. En cambio, construí una relación. Ambos habrían dado como resultado libros "gratuitos", pero la deuda es un pasivo. En cambio, las relaciones son activos. Seguí haciéndolo: iba a leer los libros de todos modos, bien podría seguir entendiendo los errores de los escritores y editores. Antes de darme cuenta, los editores comenzaron a acreditarme por mi trabajo en los agradecimientos. Tenía créditos de publicación incluso antes de aprobar el MCAT. Los editores estaban obteniendo una ganga: yo estaba trabajando por libros gratis.

Seguí haciéndolo cuando me convertí en estudiante de medicina en Galveston, Texas. Mis relaciones se extendieron a las tiendas que vendían los libros. Majors Bookstore creó una sección de inventario médico llamada *"Harvey Castro's Corner"* (El rincón de Harvey Castro), que incluye libros que había editado y recomendado. Los estudiantes de medicina de todo Houston y Galveston comenzaron a reconocer mi nombre.

Simplemente se hacía cada vez más grande. Empecé a escribir mis propias notas al pie para los libros de texto. Luego comencé a vender esas notas. Mientras que otros estudiantes se endeudaban por tener el dinero para gastar en libros de texto, yo ganaba dinero con los libros de texto y obtenía la educación que deseaba en el proceso.

Si esto suena como un éxito de uno en un millón, como un conejo de un sombrero que simplemente no tienes los dedos mágicos para tirar, recuerda que hay una razón por la cual la gente lo llama "pensar más allá de los límites". La mayoría de las personas viven en una caja, no pueden imaginar la vida fuera de ella. *Si fuera tan fácil, todos lo harían...* y sin embargo, nadie lo hace. Sí, millones de personas quieren el trabajo soñado que deseas, aspiran a abrir el mismo negocio que tú... pero la mayoría de ellos esperan en la fila o intentan hacer esa fila. Si puedes inventar tu propia línea, no hay razón para que no puedas llegar primero. Puede tomar más trabajo, pero es más rápido.

La maniobra de mi libro de texto era un trabajo extra, pero nadie más lo estaba haciendo. Estaba allí para hacerse, y las recompensas eran enormes.

Tampoco sucedió todo de una vez. Todo comenzó porque estaba en quiebra, tenía mi espalda contra la pared. *Tenía* que ser creativo para llegar al siguiente paso de mi objetivo. Todo comenzó con localizar a los editores de los libros que quería, encontrar sus números y llamarlos.

Puntos Clave

- Las personas, incluso las de origen humilde o desfavorecido, pueden hacer milagros si se comprometen a ello.

- Nunca subestimes el poder del amor de una madre para mover montañas. Si no tuviste una buena madre, te regalo la mía.

- Sé creativo. Piensa más allá de lo establecido, descubrirás oportunidades que nadie más está aprovechando.

- ¿No sabes cómo hacer todo esto? ¡Sigue leyendo! Recién estamos empezando.

¿Cómo se empieza a **reinventar el éxito**? ¿Cómo pasas de las circunstancias desfavorables a las superiores? Cada ascenso exitoso comienza con una buena escalera.

CAPÍTULO 1:
La Escalera de la Productividad

Vi una charla de un tipo llamado Kevin Smith, un médico, sin relación con el director de Mallrats, quien describió el desarrollo personal como una "escalera". No importa en qué escalón estés; solo sigue buscando el siguiente escalón.

Las escaleras de algunas personas pueden parecer más cortas que otras. Algunas personas pueden parecer que nacieron cerca de la parte superior de la escalera. Podría parecer que comencé bastante lejos de la tierra, pero en realidad mi madre subió muchos escalones para llevarme tan lejos como ella, desde dejar Colombia para escapar de un hogar sin amor, hasta huir de un matrimonio abusivo para rescatarme de mi papá que me inscribió en la escuela equivocada.

El punto es que puede que tengas alguna idea de hacia dónde va la escalera, pero todo lo que hay es el escalón que está frente a ti. No hay nada más que hacer más que agarrarlo y arrastrarse al siguiente escalón. Nada más y nada menos.

El Dr. Smith contó la historia de una mujer joven que quería ser médico, y que él era su mentor, pero fue rechazada de todas las escuelas de medicina del país. Esta es una historia muy común. Para muchos aspirantes a médicos, es el final de la historia. No para esta ingeniosa mujer. Ella creía que ser médico estaba en su escala, pero resultó que la escuela de medicina no era el siguiente peldaño. Así que ella captó un escalón que estaba a su alcance: una maestría en salud pública. Con mejores credenciales, volvió a aplicar en la facultad de medicina. Fue rechazada de nuevo. Bueno. Siguiente escalón: obtuvo una Maestría en Administración de Empresas. Ella solicitó nuevamente la escuela de medicina, ¡y logró entrar! Probablemente le tomó seis o siete años más que a un niño genio de una familia de médicos... pero ¿y qué? Ella siguió escalando y llegó a donde quería ir.

Cuando el Dr. Smith contó esta historia, me acordé de uno de mis amigos de pregrado en Texas A&M, alguien con quien me uní debido a nuestra herencia colombiana y al hecho de que era bilingüe. A diferencia de mí, la primera generación nació en los EE. UU., y Juan era un inmigrante reciente. Había venido al país, había tomado un curso intensivo de inglés en Colorado, luego se matriculó en A&M para obtener su maestría en finanzas. Me detuve en su habitación una fría mañana de invierno y lo descubrí encorvado sobre un libro de texto de finanzas y un diccionario de inglés-español, traduciendo meticulosamente cada palabra del libro al español para que pudiera entenderlo.

—Juan —dije, atónito—, ¿por qué estás haciendo todo esto? Es mucho trabajo extra.

Me miró, sorprendido por mi confusión.

—Mi familia tenía una tiendita

en Medellín —me dijo. Usualmente hablamos inglés para que él pudiera practicar, pero esto me lo dijo en español—. Los cárteles le pusieron una bomba y la explotaron. Nadie resultó herido de gravedad, pero el negocio estaba arruinado y nadie quedó seguro. Siempre estamos bajo amenaza. Les mando dinero cada vez que puedo. Si puedo comenzar a ganar mucho dinero aquí en los Estados Unidos, puedo enviarles aún más y cuidar a mi familia.

Él había estado haciendo turnos además de estudiar para obtener un título avanzado en un idioma que apenas hablaba. Ni siquiera me había dado cuenta de sto.

Se graduó como el primero de su división en la Mays Business School de Texas A&M. ¿Lo contrató de inmediato una empresa estadounidense? No fue así de rápido. No tenía visa para trabajar en los Estados Unidos. Entonces, ¿qué hizo? Seguía haciendo su trabajo por turnos, enviando dinero a su familia en Colombia cuando podía, y comenzó a aprender lenguajes de programación de computadoras. Comenzó a aprender portugués. El siguiente escalón de la escalera. Luego el siguiente.

Cuando llegó su visa, Home Depot lo contrató. No en una de sus tiendas, sino en la sede central en Atlanta. Fue puesto a cargo de un importante proyecto de expansión, abriendo franquicias de Home Depot en todo el continente de América del Sur. Más de 200 millones de sudamericanos hablan español, incluida la mayoría de los residentes de su natal Colombia. Más de 205 millones de sudamericanos (principalmente en Brasil) hablan portugués. Esta estrella financiera nacida en Colombia que hablaba español, inglés y portugués era justo la persona que buscaban. Él y su familia están establecidos, y ahora que los cárteles han disminuido su influencia, puede hacer negocios en nombre de sus empleadores estadounidenses en su país de origen. Su larga escalera lo condujo a su casa. Esto me inspiró a apreciar todas las ventajas que tenía: algo tan simple como hablar inglés, era un obstáculo importante para Juan.

"Por Qué" lleva a "Qué"

¿Qué hacer con esto, cuando tanta gente está luchando? ¿Cuándo las personas luchan con las limitaciones financieras por ser madres o padres solteros? ¿Subempleo o desempleo? ¿Falta de satisfacción laboral? ¿Inseguridad social o enfermedad mental? ¿Polarización social y enojo? ¿Estancamiento salarial? ¿Una sensación general de que todo es inútil, y que nada de lo que puedas hacer te acercará a una vida que merece la pena vivir, digna de los sueños que tuviste cuando eras joven?

Mi madre... yo... mi amigo Juan de A&M... ¿qué tenemos que otras personas no tienen?

La respuesta es bastante simple: **un fuerte *Por Qué*.** Al recordar tu *Por Qué*, puedes mirar el escalón de la Escalera de Productividad justo en frente tuyo, no los peldaños a media milla de altura, que parecen imposiblemente lejos, y preparar tus manos y comenzar a subir.

Mi madre tenía un fuerte *Por Qué:* la seguridad de su único hijo. Ella vertió sus esperanzas en mí, y cuando desaparecí, el cielo y la tierra no pudieron evitar para que yo estuviera de vuelta.

Juan tenía un fuerte *Por Qué:* su familia, que estaba lejos, que estaba sufriendo y en peligro. Si él lograra hacer jugadas importantes en los Estados Unidos, podría proteger y apoyar a las personas que ama.

En cuanto a mí, mi *Por Qué* era el contrario al de mi madre. Ella había despilfarrado todo en mí, literalmente me había salvado la vida en múltiples ocasiones. Había hecho todo lo posible para devolverle el dinero siendo flexible. Una vez ella me preguntó:

—Harvey, ¿quieres que te inscriba en clases de karate? —¡Realmente, realmente quería tomar lecciones de karate! —No, mamá, estoy bien.

—Harvey, ¿salimos a comer esta noche?

—No, mamá, comamos en casa.

Me tomó un tiempo darme cuenta de que mi mamá *quería* consentirme y cuidarme, y de alguna manera mi sentido de auto-sacrificio fue duro para ella. Así que decidí hacer lo que fuera necesario para mejorar la vida de los dos. A los cinco años había sido incapaz de luchar contra mi padre cuando me secuestró. Como hombre adulto, lucharía contra la impotencia con cerebro y tendones, dientes y huesos. Haría una vida mejor para mí, para mi madre, para mis propios hijos cuando vinieran. No importa qué, seguiría alcanzando el siguiente escalón de la escalera.

Este *Por Qué* me mantuvo yendo del gambito de libros de texto a la escuela de medicina, pasando por salas de emergencias y creando aplicaciones de atención médica, haciendo apariciones de expertos en NBC News y Telemundo, y luego yendo a casa y estudiando para mi MBA para poder convertirme en un mejor líder.

Ese es el primer error: *la escalera de la productividad nunca se detiene*. No hay peldaño superior a la escalera donde dices "¡Bien! ¡Lo hice!" Esa es una receta para la depresión, donde los millonarios, las celebridades y los altos ejecutivos llegan a lo más alto de su profesión y descienden a la crisis: "¡¿Esto es todo lo que hay?!"

Siempre hay otro peldaño en la escalera, y eso es algo *bueno*. Significa que puedes celebrar el primer escalón, por ejemplo, posponer un reloj compulsivo para estudiar para obtener tu título, *tanto como* celebrar subir un peldaño mucho más arriba en la escalera, por ejemplo, cobrar un bono de seis cifras gracias a las puertas que abrió ese título. Todo es solo otro emocionante escalón en una escalera que mantiene la vida emocionante, enriquecedora y en movimiento.

Tu *Por Qué* es lo que te lleva a ambos escalones, el primer escalón y el escalón de los sueños, lo que nos lleva a la segunda idea errónea, *no tienes que seguir vertiendo energía en tu "Por Qué"*. Muchas personas piensan que necesitan perfeccionar constantemente su *Por Qué*, repiten afirmaciones de su *Por Qué* cada mañana y cada noche. Terminan pasando más tiempo en el *Por Qué* que en el *Qué* que te lleva allí.

La verdad es que mi *Por Qué*, el *Por Qué* de mi mamá, el *Por Qué* de Juan... nunca cambiaron. Nos resultaron obvios, y una vez que estuvieron en su lugar, el *Por Qué* fue la parte fácil. No necesitaba escribir diariamente en mi diario sobre mi determinación de hacer una vida mejor para mi familia... lo cual fue bueno, porque entre estudiar los libros de MCAT y registrar errores para enviar a la editorial, no tuve ese tipo de tiempo. Juan no necesitaba repetir afirmaciones diarias acerca de cómo iba a proteger a su familia de los cárteles colombianos... lo cual es bueno, porque de lo contrario no habría tenido tiempo de traducir sus libros de texto de economía al español para poder pasar sus exámenes.

Mi mamá no necesitaba un tablero de visión para encontrarme cuando mi papá me robó. Todo lo que necesitaba era un camión.

¿Es tu *Por Qué* obvio para ti, o te tomará más trabajo precisarlo? No hay una respuesta incorrecta, no hay una manera incorrecta de llegar a tu *Por Qué*, pero una vez que la cierras, es tu combustible. Es el fuego que te empuja al siguiente escalón de la Escalera de Productividad... luego al siguiente... luego al siguiente... hasta que ni siquiera recuerdes todas las excusas, todas las decepciones, todos los falsos comienzos. Están muy por debajo de ti, apenas visibles desde un punto de vista que has logrado que antes parecía tan fuera de alcance. ¿Qué te está conduciendo? ¿Cuál será *siempre* tu Por Qué?

Detengámonos un momento y hagamos una lluvia de ideas sobre tu *Por Qué*. Escribe cinco posibilidades. Tal vez uno de ellos salte sobre ti, y puedas rodearlo, y *ese* es tu irónico *Por Qué*.

Por ejemplo:

1. Llegaré al próximo escalón *porque* quiero proteger a mis hijos de lo malo y darles la mejor vida posible.

2. Llegaré al siguiente escalón *porque* quiero ayudar a las personas a superar el tipo de dificultades con las que yo luché.

3. Llegaré al siguiente escalón *porque* quiero estar financieramente seguro y no volver a preocuparme por el dinero.

4. Llegaré al siguiente escalón *porque* quiero compartir mi creatividad con el mundo y recibir amor y alimento como resultado.

Quizás ninguno de ellos te inspire todavía. Está bien. Déjalos en la página, vuelve a ellos y refínalos. A medida que avances en tu reinvención del éxito, puedes descubrir matices a tu *Por Qué* que nunca pensaste posible.

1. Llegaré al siguiente escalón *porque*...

   _____
   _____
   _____

2. Llegaré al siguiente escalón *porque*...

   _____
   _____
   _____

3. Llegaré al siguiente escalón *porque*...

   _____
   _____
   _____

4. Llegaré al siguiente escalón *porque*...

   _____
   _____
   _____

5. Llegaré al siguiente escalón *porque*...

   _____
   _____
   _____

Bien hecho. Esto es un gran comienzo. Ahora centrémonos en el *Qué*. Escribe cinco objetivos de "final del juego" que te ayudarán a lograr tu *Por Qué*. Por ejemplo...

1. Más arriba en la escalera, *seré* dueño de un negocio exitoso donde soy mi propio jefe.

2. Más arriba en la escalera, *tendré* una carrera que me satisfaga, no solo para pasar el tiempo.

3. Más arriba en la escalera, *abriré* oportunidades educativas e inspiradoras para mis hijos que yo nunca tuve.

4. Más arriba en la escalera, *tendré* relaciones sociales satisfactorias, sanas y nutritivas con mis amigos, familiares y seres queridos.

Escribe al menos tres *Qué* y observa cómo te hacen sentir.

1. Más arriba en la escalera, *yo voy a...*

   _____
   _____
   _____

2. Más arriba en la escalera, *yo voy a...*

   _____
   _____
   _____

3. Más arriba en la escalera, *yo voy a...*

   _____
   _____
   _____

Ahora que tenemos una idea de hacia dónde va la escalera y qué nos inspirará para llegar allí, vamos a ser granulares. Para visualizar tu objetivo final, ser específico puede ayudar. Elige uno de tus objetivos de *Qué* y describe la experiencia sensorial de estar en esa etapa de la escalera. Involucra a los cinco sentidos si puedes.

1. Al conseguir mi objetivo final, *puedo ver*...

   _____
   _____
   _____

2. Al conseguir mi objetivo final, *puedo escuchar*...

   _____
   _____
   _____

3. Al conseguir mi objetivo final, *puedo saborear*...

   _____
   _____
   _____

4. Al conseguir mi objetivo final, *puedo tocar*...

   _____
   _____
   _____

¿Te estás divirtiendo? Con tu *Por Qué* y tu *Qué* en mente? ¿cuáles son los siguientes escalones de la escalera que están justo en frente tuyo? ¿No meses después o fuera de tu alcance? ¿Qué escalones puedes captar *ahora* y acercarte un poco más a ese objetivo? ¿Registrarse para una clase en línea? ¿Subcontratar a un ayudante para liberar tiempo? ¿Pagar una tarjeta de crédito para que puedas liberar ingresos para una clase o externalizar una tarea? ¿Enviar un correo electrónico a un posible mentor o entrenador?

Cada vez que miras el escalón, escribes y dices "Todavía no puedo hacer esto porque... " todavía no estás en el escalón inferior. *Sigue adelante*. Sigue trabajando hacia atrás hasta llegar al escalón en el que puedes estar *ahora*. Los escalones más difíciles pueden esperar. ¡Aprovecha tu "Por Qué" y comienza a escalar! Ten en cuenta que no es una carrera. No hay límite de tiempo. *No importa* dónde estén tus compañeros en su propia escalera. El objetivo es seguir subiendo la escalera. Puede ser un viaje de por vida. El objetivo es seguir ascendiendo a escalones más altos a medida que pasa el tiempo.

Escalón Uno:

_____
_____
_____

Escalón Dos:

_____
_____
_____

Escalón Tres:

_____
_____
_____

Escalón Cuatro:

_____
_____
_____

Escalón Cinco:

_____
_____
_____

¡Y nunca te detengas! Puedes subir tan alto como elijas subir en esta escalera del éxito. Aprenderás los secretos para continuar recreando tus creencias, tus habilidades, tus talentos y tus oportunidades. En otras palabras, podrás continuar para *reinventarte* en cada etapa de tu viaje.

¡Sigamos adelante!

Puntos Clave

- La productividad es como una escalera. No tienes que preocuparte por la parte superior de la escalera, solo tienes que concentrarte en el siguiente escalón... y luego en el siguiente.

- La escalera nunca termina... ¡y eso es algo bueno! Siempre que crees que has llegado a la cima, hay más escalones esperando. No te preocupes por "llegar", ninguno de nosotros lo hace. Solo continuamos subiendo.

- Tu combustible para la subida es tu *Por Qué*, la razón principal e invariable que te impulsa a tener éxito. Cuando encuentres tu *Por Qué*, el ascenso habrá comenzado.

Subir una escalera *puede* parecer fácil, pero todos sabemos que la vida no funciona así. *Habrá* obstáculos... y saber qué obstáculos nos esperan nos da la oportunidad de aprovechar las herramientas para superarlos. Los obstáculos se convierten en lecciones que te ayudan en el futuro con otros obstáculos que vendrán. La clave es aprender de estos obstáculos y seguir subiendo esa escalera.

CAPÍTULO 2:

Planificar los Obstáculos y Poner en Orden tu Casa

Mi madre tenía dos trabajos y apenas podía llegar a fin de mes durante la mayor parte de mi infancia, pero no en toda mi niñez. Cuando yo estaba en el instituto, de repente se convirtió en técnica de ultrasonidos en un hospital. No tenía ni idea de cómo ocurrió eso, pero estaba encantado y orgulloso de ella. Hizo que me pareciera aún más real que algún día sería médico. Todas sus recomendaciones de que podía hacer cualquier cosa que me propusiera eran más ciertas que nunca.

Unos años más tarde, a los 40 años, cuando ya era médico, mi madre me habló de cómo se *convirtió* en técnico de ultrasonidos. Me rompió el corazón. Resultó que mi propia ambición la avergonzó.

En esa época trabajaba como secretaria en una clínica. En sus horas libres limpiaba casas para conseguir dinero extra.

A medida que se fue convenciendo cada vez más del futuro de su hijo adolescente en la medicina, ella comenzó a imaginar un futuro en el que me acompañara a las galas o conociera a mis amigos sofisticados. "¡Señora Castro, su hijo es un médico increíble! ¿A qué se dedica usted?"

Se imaginó teniendo que responder "Soy recepcionista y limpio baños". Eso no le sentó bien. Ni ella ni yo pensamos o creíamos que hubiera algo vergonzoso con el trabajo de secretaria o de limpieza, pero eso no le importaba, ella quería trabajar en el campo de la medicina. Quería que tuviera sentido que este aspirante a doctor hubiera surgido de su cuerpo. Su orgullo se impuso, quería alinear su historia con la de su hijo, que había subido improbablemente el nivel de su joven vida.

Mi madre había obtenido su diploma de secundaria después de escapar de la influencia abusiva de mi padre, pero se necesitaba más que un diploma de secundaria para convertirse en técnico de ultrasonido. Requería un entrenamiento extra, mucho de ello altamente técnico. En la superficie, no podía ser obvio para mi madre cómo sería capaz de conseguirlo, además de pagar el alquiler y poner comida en la mesa para un aspirante a médico en pleno crecimiento.

Para empeorar las cosas, los únicos cursos de formación que podía permitirse estaban a 90 minutos en tren, tres horas de via-

Planificar los Obstáculos y Poner en Orden tu Casa

je de ida y vuelta. No tenía tres horas libres en su agenda diaria. ¿Qué podía hacer?

Esto es lo que hizo: mi madre acudió al jefe de la clínica en la que trabajaba y le dijo: "Quiero recibir capacitación para convertirme en técnico en ultrasonido. Las únicas clases que puedo tomar están a 90 minutos de distancia. Por favor, ¿podemos ajustar mi horario para que pueda asistir a las clases?"

Los mentores existen en todas las formas y tamaños, pero cuando los encuentres, hónralos con todo tu corazón. El jefe de mi madre en la clínica no la asesoró directamente, pero hizo algo mejor: reacomodó todo su horario para que mi madre pudiese salir del trabajo temprano, hacer el viaje de 90 minutos en tren y asistir a clases nocturnas para convertirse en técnico de ultrasonido.

No tenía ni idea de lo que pasaba. Todo lo que sabía era que yo volvía a ser un niño que se quedaba solo en casa y que mi mamá regresaba del "trabajo" a la medianoche o a la una de la mañana. Estaba habituado a ser un niño que se quedaba solo en casa y a cuidarme sin quejarme, pero no podía evitar preguntarme qué estaba pasando mientras esto sucedía.

A menudo pienso en los sacrificios que ella hizo. Uno de ellos fue confiar en que podía cuidar de mí mismo. Tengo cuatro hijos, y no sé si podría hacer lo mismo que ella, dejarlos a su suerte para intentar tener una vida mejor. Tal vez veamos esto como un momento peligroso para los niños, en una época de escándalos en iglesias y tiroteos en escuelas.

Pero mi madre confiaba en mí. Fue otro regalo que me dio... pero también un regalo que se dio *a sí misma*. Confió en sí misma que me había criado bien, que yo era competente y estaba listo para defenderme, así que podía permitirse invertir en sí misma, en su propio respeto por sí misma.

Ahora que lo pienso, no podría haberlo hecho. Normalmente, mi madre sabía esto de mí mucho antes que yo. Estaba dispuesta a hacer increíbles sacrificios para mantenerme en mi camino.

Unos años más tarde, estaba en la universidad. Mi mamá es básicamente mi mejor amiga (¿se nota?) pero llegó un momento cuando estaba en la universidad en el que se apartó de mí. Me dijo que no quería que la visitara más; solo quería que me concentrara en mis estudios. No fui bienvenido en su casa en Houston, Texas. Ella me lo dejó muy claro, de manera casi dolorosa.

Yo estaba dispuesto a concentrarme en mis estudios, pero aún así eso me dolía. Surgieron los mismos sentimientos de pánico que cuando mi padre me secuestró y trató de debilitar mi confianza en ella. ¿Mi madre ya no me quería? ¿Ya no quería verme más?

Nuevamente, mi madre, por mucho que me amara, me ocultaba algo. Desde su perspectiva, era por su propio bien. Finalmente me invitó a cenar a su casa. Cuando llegué a su casa, llevando flores y una botella de vino, ella abrió la puerta y mi mandíbula cayó en asombro. Había perdido la mitad de su peso corporal. Su pelo estaba volviendo a crecer por haber caído visiblemente en mechones. Tenía una gran cicatriz quirúrgica en su garganta y hablaba con voz ronca.

—No te preocupes —me dijo alegremente—. ¡Ya no voy a tener cáncer!

Planificar los Obstáculos y Poner en Orden tu Casa

No tenía ni idea de que *había* tenido cáncer y se había sometido a varias sesiones de quimioterapia.

Resultó que había tenido dos formas de cáncer, incluyendo un tumor en su tiroides que había necesitado una cirugía de tiroidectomía - de ahí la voz ronca y la cicatriz en su cuello. Además, había tenido un carcinoma de células escamosas en la lengua, que se trató con quimioterapia y radiación. La quimioterapia hizo que se le cayera todo el pelo. No pudo hablar por encima de un susurro durante años para continuar.

—¡Mamá! —exclamé. Estaba furioso, aliviado y con el corazón roto en igualdad de condiciones—. ¿Por qué no me lo dijiste? ¡Habría dejado la escuela! ¡Habría vuelto a casa y me hubiera ocupado de ti!

—¡Claro que lo habrías hecho, Mijo! —dijo—. Es exactamente *por eso* que no te lo dije. Habrías dejado tus estudios y vuelto a casa y hubieras tenido un trabajo inexistente para cuidar de tu anciana madre, después de todo lo que hice para ayudarte a convertirte en médico.

De repente, se puso muy seria, seria como el cáncer, si se puede decir.

—Harvey, quieres ser médico y vas a ser médico —me dijo mi madre—. Cuando tuve cáncer, me rompió el corazón no verte, pero me habría roto aún más el saber que habías renunciado a tu sueño para cuidarme, cuando es mi trabajo *cuidarte*. Eso es lo que estaba haciendo al no decírtelo.

Ella tomó mi mano.

—Todo lo que quería saber era que, si moría mañana, seguirías adelante y te convertirías en un médico como siempre quisiste. Me haría sentir muy orgullosa. No podía vivir sabiendo que me había interpuesto en tu camino.

Damas y caballeros, les presento a mi madre.

Nuestros padres no se interponen en nuestro camino. Algunos creen que sí, pero no lo hacen, aunque lo intenten. Tampoco lo hacen los gobiernos, las barreras raciales, la guerra de clases u otras situaciones.

Nosotros nos interponemos en nuestro propio camino. Si sientes que algo te bloquea permanentemente el camino hacia mejores circunstancias, toma en serio la idea de que ese "algo" puedes ser *tú*.

A nadie le gusta que le digan un "no". Recuerda cuando eras un niño pequeño, o piensa en tu niño pequeño interior. ¿Cuál es la mejor manera de conseguir que un niño pequeño haga algo? Diles que *no* lo hagan.

Ese impulso nos sigue hasta la edad adulta. Si alguien nos dice un no, nuestra inclinación natural es empezar a pensar en soluciones alternativas, pensando más allá, convirtiendo los "noes" en "síes".

Los "noes" que escuchamos son los que nos decimos a nosotros mismos. Le pasa a los mejores de nosotros, nos volvemos buenos, o al menos nos acostumbramos a decirnos que "no".

"No, no puedo volver a la escuela. No puedo dejar a mis hijos".

"No, no puedo dejar este trabajo que no me satisface. Necesito los ingresos y el seguro".

Planificar los Obstáculos y Poner en Orden tu Casa

"No, no puedo encontrar el amor. Mi padre nunca me enseñó a amar".

Las circunstancias reales alrededor de las cuales construimos nuestros "noes" son menos formidables que nuestra *creencia* en ellas. Ninguna de las razones anteriores son un obstáculo, a menos que creamos que son.

¿De qué manera te dices a ti mismo "no" cuando no tienes que hacerlo? Es *fundamental* reconocer esto, porque nadie puede detenerte excepto tú. ¿Alguien más te dice "no"? ¡Vas a demostrarle lo contrario! ¿Te dices a ti mismo "no"? Eso es un golpe duro.

Recuerda el último capítulo. Pasamos algún tiempo haciendo una lluvia de ideas sobre tu *Qué*. Escríbelo de nuevo aquí.

_____

_____

_____

Esperemos que hayas elegido un *Qué* que sea un desafío considerable. Como tal, podrías tener algunos "noes" sustanciales en su lugar alrededor de él. Veamos si puedes hacer una lluvia de ideas sobre algunos de ellos ahora.

No puedo lograrlo porque...

_____

_____

_____

No puedo lograrlo porque...

_____
_____
_____

No puedo lograrlo porque...

_____
_____
_____

Aunque te hayas estado condicionando para combatir estas afirmaciones de "no puedo", es conveniente que las reconozcas. No puedes fingir que no están ahí. De lo contrario, se afirmarán como si fueran fuerzas externas. Tienes **que reconocer que vienen de ti.**

No tengas miedo de tus "noes". No son sentencias de muerte. Son simplemente tus *obstáculos* más importantes. Y nadie ha logrado el éxito fingiendo que sus obstáculos no existían. Ellos lograron el éxito *reconociendo* esos obstáculos, *preparándose* para ellos y *superándolos*.

La Mejor Defensa es Anticiparse al Ataque

La mayoría de los obstáculos son predecibles. De hecho, muchos de nosotros predecimos los obstáculos tan bien que los vemos venir por el camino, y nos rendimos ante ellos antes de que lleguen.

¿Por qué rendirse ante un obstáculo que aún no ha llegado? ¿Por qué no tomarse el tiempo para superarlo?

A menudo actuamos como si el tiempo estuviera en nuestra contra. Vemos el desastre nueve meses después, pretendemos que es *dentro* de nueve meses, y admitimos la derrota en lugar de *usar* el tiempo para prepararnos y evitar el desastre.

La verdad es que el tiempo está de nuestro lado. Los humanos son ingeniosos. Nueve meses, 90 días, 30 días, incluso *siete* días... los humanos pueden hacer que los milagros ocurran en ese tiempo. ¡No admitas la derrota solo porque la derrota es posible! La derrota *siempre* es posible, pero podemos actuar para evitarla más eficazmente de lo que pensamos.

Cuando los obstáculos lleguen, no serán tan desalentadores, porque sabías que vendrían. Aprovechaste el tiempo que tenías disponible en el intervalo para idear un plan para superarlos. Reuniste a tu equipo. Hiciste una lluvia de ideas. Los derrotaste antes de que se levantaran.

Piensa en los varios obstáculos que mi madre anticipó en el cumplimiento de su *Qué*.

QUÉ: Convertirse en un técnico de ultrasonido.

OBSTÁCULOS: Un horario de trabajo exigente; responsable de un adolescente precoz.

SOLUCIÓN: Consigue que el jefe acepte y reorganice el horario para acomodar los estudios nocturnos; confía en que el hijo adolescente se cuide a sí mismo.

QUÉ: Recuperarse del cáncer sin descarrilar la carrera académica del hijo.

OBSTÁCULOS: Un hijo testarudo que dejaría la escuela para proteger a su madre.

SOLUCIÓN: Ofuscar la condición el tiempo suficiente para recuperarse.

Ninguna de estas elecciones fue fácil, o sin riesgo, pero fueron (debo admitir de mala gana) brillantes negativas por parte de mi madre para no decirse a sí misma "no".

¿He mencionado que admiro a mi madre?

Uno de tus mejores recursos para superar tu propia tendencia a decirte "no" es tu entorno, la gente en la que confías, que te conoce mejor de lo que te conoces a ti mismo y que tiene tus mejores intereses en el corazón.

Si no tuviste la suerte de contar con padres, hermanos, maestros, jefes, amigos y otros apoyos cariñosos y confiables, no estás solo: muchas de las personas que logran el éxito tuvieron que construir una red de apoyo desde cero. Pero empieza por ahí. No siempre puedes ver el camino alrededor de tus propios "noes", pero tu red de apoyo puede ser mucho más clara.

Incluso puedes convertirla en una profecía autocumplida. Tu propia tendencia a decirte a ti mismo "no" puede extenderse a compartir tus sueños y ambiciones con tus amigos y seres queridos, por miedo a que ellos puedan rechazar, socavar o reprimir tus ambiciones.

La verdad es que *tú* eres el que más probablemente desapruebe, perjudique o frene tus propias ambiciones de éxito más allá de una estación que ya has alcanzado. Tus verdaderos amigos y tu devota familia son más propensos a ver tu potencial para romper barreras y lograr grandes cosas. La gente logra grandes cosas *todos los días*. ¿Por qué no tú? ¿Y por qué

Planificar los Obstáculos y Poner en Orden tu Casa

tus amigos y seres queridos no quieren ayudarte, hablarte y ayudarte a superar tus obstáculos?

Desde luego, la dura realidad es que a veces nuestros "amigos" y familiares *nos* hablan mal, nos dicen que no, nos dicen que nuestras ambiciones son tontas, temerarias, arriesgadas y que nunca funcionarán. Estas personas no tienen sus mejores intereses en el corazón. La gente que habla mal de tus ambiciones normalmente lucha con su propia tendencia a decirse a sí mismos "no". No pueden soportar la idea de que las personas cercanas a ellos conviertan un "no" en un "sí", porque llamará la atención sobre sus propios fallos para encontrar sus propias respuestas de "sí".

No los escuches. Considera dejar ir a aquellos cercanos a ti que te dicen "no" y encuentra personas que apoyen y guíen tus aspiraciones de mejorar.

Tu verdadera red de apoyo te ayudará a encontrar tus respuestas "sí". No quieren que fracases. Quieren ayudarte a tener éxito.

Estoy orgulloso de cómo hacemos funcionar las cosas en las Salas de Emergencia por muchas razones, pero una de las que más me enorgullece es la seriedad con la que tomamos las ambiciones de los empleados. No espero a que vengan a decírmelo, porque sé que es factible, incluso probable, que nunca lo hagan. Me vuelvo proactivo. Para cada empleado nuevo o desconocido, hacemos que sea una cultura de la compañía apoyar los objetivos de nuestros empleados. Nos sentamos y les pregunto "¿Dónde quieres estar en cinco años? ¿En diez? ¿Quieres estar en este trabajo? ¿Un trabajo más alto? ¿Quieres ser el líder en enfermería? ¿Hacerte enfermera profesional? ¿Médico? ¿Un administrador? ¿Quieres dejar la medicina por completo? ¿Qué te depara el futuro en tu mundo perfecto?"

Muchos empleados expresan su sorpresa de que nos tomemos la molestia de hablar de sus ambiciones con ellos, a lo que solemos responder "Si no sabemos dónde te ves dentro de cinco o diez años, no hay manera de que podamos ayudarte a llegar allí. No podemos ser tus mentores". La compañía pensará en ti cuando veamos una oportunidad de ayudarte a subir un peldaño de la escalera. Si lo sabemos, hay una excelente oportunidad de que podamos hacer todas esas cosas". Digo "nosotros" porque nuestra cultura empresarial va mucho más allá de las acciones de una sola persona.

Tal vez se sorprendan porque otros empleadores no parecen querer que sus empleados tengan la carrera de sus sueños. Quieren que los empleados se queden indefinidamente donde están. Eso es poco realista y poco visionario. La gente que siente que les ayudará a crecer en sus carreras y a alcanzar sus sueños *quiere* trabajar para ti. Se convierten en mejores empleados y hacen que tu organización sea más fuerte con el tiempo. Si tienes que reemplazarlos porque se licencian en un puesto aún más indispensable, ese es un buen problema.

Enumeraste tu *Qué* arriba y algunos de los obstáculos a ese *Qué* que podrías poner a tu manera. Antes de que empieces a pensar en soluciones a esos obstáculos, vamos a ampliar el equipo. Enumera las cinco personas más cercanas a ti; tu círculo interior, las personas en las que más confías. Puede ser un cónyuge, un padre, un mejor amigo, un colega, un mentor... alguien en quien confíes que no menospreciará tus ambiciones, sino que querrá ayudarte. La gente que desea lo mejor para ti.

Planificar los Obstáculos y Poner en Orden tu Casa

MI CÍRCULO ÍNTIMO

1. _____

2. _____

3. _____

4. _____

5. _____

¿Ya le has dicho a estas personas tu *Por Qué* y tu *Qué*? Si no, ¿por qué? ¿Crees que menospreciarán tus ambiciones o te convencerán de que no lo hagas? Si tienes una verdadera razón para creer que alguien en esta lista lo hará, quita ese nombre de la lista y reemplázalo con el nombre de otra persona.

Tal vez te has abstenido de decírselo porque crees que es tu responsabilidad; debes sufrir en silencio y levantarte por completo por tu cuenta. Así no es como trabajan los humanos. Así no es como *nadie* ha logrado el éxito. ¿Recuerdas el dicho "El éxito tiene muchos padres, pero el fracaso es huérfano"? Reclutemos a algunos padres más para aumentar tu éxito.

Llama o envía un correo electrónico a tu círculo íntimo ahora. Habla con ellos, haz una pequeña charla, y luego lleva la conversación a tus objetivos. Diles que has estado pensando en el futuro y que te has vuelto proactivo en tu intento de dar forma a ese futuro a imagen y semejanza de tus sueños.

Descríbeles tu *Qué* y, quizás más importante, tu *Por Qué* si aún no lo saben. Luego descríbeles los obstáculos que prevees que te impiden tener éxito, tus frases de "no puedo lograr esto porque". Mira lo que dicen. ¿*Tienen* opiniones sobre tus "no puedo"? Piensa un poco con ellos. Alguien en tu círculo puede estar sentado en una solución a tu "no puedo" que nunca se te hubiera ocurrido.

Quería ser médico pero no podía pagar mi educación. Mi primera solución de cómo atacar este obstáculo fue bastante tradicional, un camino que miles de jóvenes habían recorrido: el ejército de los Estados Unidos. No era una solución perfecta, pero estaba ahí para ser utilizada, y yo fui uno de los chicos que la utilizó. Le presenté a mi mamá los papeles cuando tenía dieciséis años, pidiéndole que firmara su permiso para que me convirtiera en un cadete junior. Ella estaba reticente, pero lo firmó porque sabía que no había nada que me detuviera.

El ejército fue una opción interesante para mí. Por un lado, el entrenamiento que soporté fue el desafío más duro que he enfrentado hasta la fecha o que he enfrentado desde entonces. Todo lo demás se desvanece en comparación con lo difícil que fue mi entrenamiento básico. No ayudó que tuviera el mismo apellido que el dictador de Cuba, lo que me hizo *muy* popular entre mis instructores de entrenamiento. Al menos, me endureció la mente y me preparó para cualquier otro desafío.

Por supuesto, el lado negativo de una carrera militar es que puedes ser enviado al frente. Quizá algunos no lo vean como un inconveniente, pero para mí, el tiempo que pasé en operaciones de batalla

fue un tiempo lejos de convertirme en médico. Tal vez todo esto se estaba convirtiendo en algo, pero no me entusiasmaba la idea de ir a la guerra.

Planificar los Obstáculos y Poner en Orden tu Casa

Estuve a un pelo de distancia. Me seleccionaron para ser desplegado en Bosnia y me dieron una batería de vacunas para prepararme para mi misión en el extranjero. Terminé con la enfermedad del suero debido a todas las vacunas. Cuando mi unidad pasó por el proceso, a mí y solo a mí se me ordenó volver a casa. Habían demasiadas bombas y ruidos problemáticos en Bosnia, y me dijeron que podría terminar desmayándome y volar en pedazos. Nunca me mandaron al frente.

Sin embargo, lo más importante es que el ejército no financió mi educación. Si bien obtuve herramientas para toda la vida que me ayudaron a ser un mejor líder, creo que en total el Ejército de los Estados Unidos pagó alrededor del 1% de mis gastos de educación. Es útil, pero no es exactamente un cambio de vida. Las respuestas obvias no siempre son las mejores.

¿Cómo *pagué* mi educación? Solicité becas. Y no solo de empresas o fundaciones que ofrecen becas. Escribí a las empresas que no ofrecían becas educativas públicas, les conté mi historia y les pregunté si podían ayudar o contribuir.

Terminé haciendo que las empresas me hicieran cheques a pesar de no tener un programa de subvenciones, solo porque les conmovió mi historia. No todos lo hicieron, pero bastantes lo hicieron.

Si lo piensas bien, es probable que esto siempre tenga éxito, porque las subvenciones anunciadas públicamente tienen docenas.

¿Fue mi historia particularmente especial? No, no lo fue. No era el único hijo de un inmigrante que aspiraba salir de la pobreza con una ambiciosa carrera profesional. Pero era el único que les escribía y les pedía dinero de acuerdo con los valores de su organización, así que por supuesto iba a ser el único en recibir el cheque.

Tal vez te identifiques con mi posición de entonces. Tal vez eres un padre soltero que trabaja duro para llegar a fin de mes, haciendo malabares con muchas pelotas a la vez y aterrorizado de que tu hijo no tenga comida si se te cae aunque sea una de ellas. Tal vez la falta de dinero, o el *miedo* a la falta de dinero, te impide tomar medidas audaces para reinventarte.

No eres el único con esta historia... pero podrías ser fácilmente el único que escriba a las empresas y fundaciones pidiéndoles ayuda. Pedir es poderoso.

Incluso si no envías cartas pidiendo financiación como yo lo hice, probablemente tienes más opciones de poner comida en la mesa de lo que crees. Tu jefe podría invertir en ti, o en tu escuela. Podrías tener acceso a préstamos para pequeñas empresas, o tu historia podría inspirar un exitoso esfuerzo de financiamiento colectivo en una plataforma como GoFundMe. Si crees que no eres digno, que nadie va a invertir en ti... ¿de quién viene esa opinión? ¿Del resto del mundo? ¿O de ti?

A las personas y organizaciones les encanta invertir en personas ambiciosas. Amplía tu red de ganadores, una marea creciente que levanta todos los barcos. Sí, algunos de ellos pueden rechazarte, pero no te rechaces por ellos.

No Puedes Predecir Cada Obstáculo

Mi madre no me pidió ayuda. Me protegió de su proyecto escolar nocturno, su lucha contra el cáncer. Parte de mí desea que me hubiera involucrado en esas pruebas. Ella era todo mi mundo. Quería estar ahí para ella.

Planificar los Obstáculos y Poner en Orden tu Casa

Al final, no obstante, veo por qué lo hizo. Ella fue mi madre, y también mi primera mentora. Ella sabía lo que era mejor para mí. Sabía que yo descarrilaría mis propias ambiciones y renunciaría a todo para ayudarla, y no es así como se suponía que funcionaría. Me debía todos los sacrificios, no al revés, como se los debo a mis propios hijos hoy en día.

Finalmente tuve la oportunidad de devolverlo y pagarlo. Se lo devolví a mi madre cuando necesitó mi ayuda para arreglar su crédito. Una de las amigas de mi madre, una mujer llamada Rose, falsificó los documentos del préstamo a nombre de mi madre, se embolsó el dinero y nunca pagó el préstamo.

El crédito de mi madre fue destruido. Terminó declarándose en bancarrota. Quería que denunciara el fraude y llevara a Rose ante la justicia, estaba furioso en nombre de mi madre. Pero mi madre se negó a hacerlo. Rose tenía un hijo pequeño, y todo lo que le importaba a mi madre era cómo sufriría el niño si demandara a Rose.

Mi mamá estudió leyes de bancarrota y reparación de crédito. Mi propio crédito estaba bien, así que terminamos consiguiendo un montón de tarjetas de crédito a mi nombre, con mi madre como usuario autorizado. De esa manera, el historial de pagos se reflejaba bien en ambos. Mi madre era tan buena como su palabra; nunca se saltaba un pago. Eso habría dañado no solo su propio crédito, sino también el mío.

Después de diez años de perfecto historial de pagos, la bancarrota fue borrada, y el crédito de mi madre volvió a estar impecable. No pude haberla curado del cáncer, pero *sí* la ayudé a curar su crédito.

Lo pagué cuando mi esposa estaba embarazada de nuestro cuarto hijo. Nuestros tres primeros hijos nacieron mientras yo aún estaba trabajando en la escuela de medicina. Nuestro último hijo estaba en camino mientras me preparaba para mi primera residencia en Urgencias. Las residencias de la sala de emergencias tienen una gran demanda. Cada nuevo médico quiere una.

De la nada, mi esposa tuvo un parto prematuro. Aunque no terminó de dar a luz prematuramente, era una posibilidad muy real. Sabía que no había manera de que mi esposa pudiera manejar un bebé prematuro por sí misma. Necesitaría apoyo, el tipo de apoyo que yo no podría darle si estuviera en el fondo de una residencia en Urgencias.

Así que, con el corazón en pena, renuncié a mi codiciada residencia en Urgencias fuera del estado y acepté una residencia de medicina familiar en Baytown, Texas, reubicando a mi familia para estar más cerca de mi madre. Ella podría ayudar a mi esposa a superar la terrible experiencia del nacimiento prematuro si llegaba a ese punto.

Nunca sucedió, pero se tomó la decisión. Hice la mejor residencia de medicina familiar durante un año, después de lo cual intenté conseguir otra residencia en Urgencias. Nadie abandona esas residencias, así que la tarea era casi imposible, pero por algún milagro se abrió una residencia en Bethleham, Pennsylvania. Cientos de médicos compitieron por ella, pero yo la conseguí... siempre que pudiera presentarme a trabajar el lunes. Era un viernes.

Recogí a mi familia y me fui a Pensilvania. Me presenté a trabajar el lunes y me puse manos a la obra. Nunca me detuve.

Planificar los Obstáculos y Poner en Orden tu Casa

Nunca me tomé un descanso. Por primera vez en mi vida, empecé a tener migrañas. Los medicamentos no ayudaron. Vi a un neurólogo. Recibí resonancias magnéticas, protocolos de DHE, punciones lumbares. Nadie podía entender lo que me estaba pasando.

Me recetaron Imitrex para prevenir las migrañas, pero un día fue tan malo que no pude llevar a mi esposa o a mis hijos a casa a diez minutos de la cena. Mi esposa me llevó. Nos acurrucamos frente a una película, pero sentí que me mareaba. Le dije a mi asustada esposa que llamara una ambulancia.

Los médicos son los mejores pacientes o los peores. Sentí que me desvanecía en la ambulancia y les dije:

—Por favor, intúbenme. Estoy a punto de colapsar. Pónganme un tubo y manténganme vivo.

Mi nivel de azúcar en la sangre bajó a 20, peligrosamente bajo. Me dieron azúcar y me llevaron a la sala de emergencias en la que solía trabajar. Todo el personal me reconoció.

—¡Dr. Castro! —exclamó mi enfermera—. ¿Qué está pasando? ¿Puede decirnos su cumpleaños?

Mi cumpleaños es el 11 de enero. Respondí "011".

—¿Cómo se llama? —preguntó la enfermera.

"011", respondí. Aterrorizado, me di cuenta de que no podía responder nada más que "011". No podía decir ninguna otra palabra. Mi brazo izquierdo estaba paralizado, pero aparte de eso estaba perfectamente lúcido... ...y sin embargo no podía hablar con sentido a nadie. Mi esposa llegó, nerviosa. Nadie podía explicarle mi condición, ni a ella ni a mí.

Me pusieron de nuevo en la máquina de resonancia magnética. Entrando y saliendo de la conciencia, encerrado en mi propia mente, me sentí como en un ataúd. Permanecí incomunicado durante siete días, prisionero de mi propio cuerpo, incapaz de hablar. Estuvieron a pocas horas de transferirme a un nivel de cuidado más alto. La enfermera que me atendía me administró medicamentos para el dolor de la migraña, y me las arreglé para preguntar "¿Qué me diste?" Me llevó un minuto sacarlo, pero eran las primeras palabras coherentes que había dicho en días.

Sorprendida, la enfermera respondió:

—Es Demerol

Me llevó otros dos minutos, pero logré decir:

—Han pasado más de 48 horas. ¿No sabes que me estás dando una oportunidad de tomar el control? —a veces los médicos son los peores pacientes.

Mi familia corrió a la cama del hospital y me abrazó mientras los doctores trataban de descifrar lo que había pasado. La mejor suposición fue que el Imitrex causó un espasmo en mi cerebro, resultando en un efecto similar a un derrame cerebral. Tardé una semana en recuperar mi capacidad de hablar, pero mi cerebro tardó casi dos años en ponerse al día. Estaba completamente funcional, pero me sentía... lento. Como si tuviera un pensamiento, y me tomara unos segundos o unos milisegundos para actuar en él.

No podía haber predicho esta emergencia médica, a menos que fuera inevitable considerando lo mucho que había cobrado desde que me alisté en el ejército y me comprometí a ser médico. Pero incluso los obstáculos que no podemos predecir son regalos. Aunque descarrilen nuestros planes originales, centran nuestra atención en lo que importa. Estaba vivo, tenía mi familia, mi cerebro volvería a la normalidad, volvería a trabajar.

Mi golpe me dio un valioso recordatorio para ir más despacio cada cierto tiempo. Pero no para detenerme. Nunca dejar de subir esa escalera. Acababa de terminar mi residencia en Urgencias. Mi sueño era convertirme en director de Urgencias, un día obtener mi máster en Administración de Empresas, y finalmente obtener un título en Derecho. No quería desperdiciar mi segunda oportunidad. Si me llevaba hasta los setenta años, obtendría todos los títulos, aprendería todo lo que había que saber.

Tienes tu *Por Qué* y tu *Qué*. Has identificado algunos obstáculos, has reunido tu círculo íntimo y has hecho una lluvia de ideas sobre posibles soluciones para tus obstáculos. Pongamos esas soluciones en el papel para que no parezcan tan desalentadoras. Resuelve los problemas que puedes anticipar; confía en que puedes manejar los que no puedes.

No puedo lograr mi *Qué* porque…

_____

_____

_____

Tres maneras en las que podría superar este obstáculo:

1. _____

2. _____

3. _____

No puedo lograr mi *Qué* porque...

_____
_____
_____

Tres maneras en las que podría superar este obstáculo:

1. _____

2. _____

3. _____

No puedo lograr mi *Qué* porque...

_____
_____
_____

Tres maneras en las que podría superar este obstáculo:

1. _____

2. _____

3. _____

Puntos Claves

- No aceptes un "No" como respuesta, especialmente de ti mismo. Si puedes prever un obstáculo, no es una razón para dejarlo, es una razón para hacer un plan para superarlo.

- Tu círculo íntimo de familia, amigos y mentores son tu equipo. Reúne a tu equipo, y trátalos como si fueran de oro.

- No puedes anticipar todos los obstáculos... pero a veces los obstáculos imprevistos reenfocan la meta. No seas duro contigo mismo. Mientras tengas tu *Por Qué* en su lugar, puedes seguir escalando, sin importar el obstáculo.

Con un *Por Qué* blindado y un *Qué* alcanzable, estás en el buen camino. Ahora es el momento de hacer el plan que pondrá ese *Qué* en acción.

CAPÍTULO 3:
Tu Plan de Éxito

Robert Kiyosaki tiene sus dos padres, "Padre rico" y "Padre pobre". Como mencioné antes, solo tuve un padre, "Padre Loco y Abusivo", pero mi madre tuvo dos hermanos, mi Tío Luis y mi Tío Jorge. "Ricos" y "Pobres" son las palabras menos adecuadas para ellos, pero proporcionan lecciones objetivas en el poder de la planificación.

El tío Luis dejó la escuela y trabajó por las noches como camarero. Apoyaba a su padre trabajando en una pequeña tienda de comestibles de Nueva York durante el día. Saca lo que pienses de esa elección de tu cabeza y considera, por un momento, que tío Luis era un inmigrante y el hijo de un inmigrante. No hablaba muy bien el idioma y se enfrentó a un camino difícil para integrarse en la sociedad. Tomó la decisión de empezar a trabajar de inmediato. Esta es la elección que hizo mi madre también, solo que no fue realmente una elección porque tenía

Tu Plan de Éxito

un bebé que alimentar y finalmente huyó de un matrimonio peligroso.

Como el tío Luis ya se estaba ganando la vida cuando mi madre empezó a recorrer el difícil camino de ser madre soltera, era el tío del que tengo más buenos recuerdos, el que venía con las compras, bajo el pretexto de no saber cocinar, para que mi madre y yo no pasáramos hambre.

El tío Luis se ganó mi respeto y todavía lo tiene, como lo tiene todo el mundo en la comunidad. Armó su educacion en la calle, habilidades sociales y tenacidad. Los hombres y mujeres del barrio lo amaban. Era muy trabajador y se convirtió en un devoto hombre de familia. No tengo nada más que amor por Tío Luis. Falleció hace varios años, pero su corazón, su pasión por servir a los demás, siempre está fresca en mi mente. Me hace sonreír cada vez que pienso en él. Siempre fue cariñoso, siempre se entregó a los demás, incluso cuando él mismo no tenía nada. Su mayor regalo era el cuidado sincero de los demás.

El tío Jorge tomó un camino diferente. No tenía dinero para alimentar a su hermana y a su sobrino, lo cual era una deficiencia. Ese hecho lo consumía por dentro, y estaba agradecido de que su hermano estuviera a mano para desempeñar ese papel. Pero el tío Jorge estaba jugando un largo juego. Se había quedado en la escuela, continuado en la universidad y en la escuela de postgrado, quebrado y mano a mano todo el tiempo con poca atención para su familia, que también lo consumía por dentro.

La diferencia en el resultado final no podría haber sido más clara. Los estudios avanzados del tío Jorge lo calificaron para un trabajo de ventas de mucho valor en Shell Oil. Finalmente se convirtió en el *mejor* vendedor de la compañía en los continentes de Asia y Sudamérica. Dejemos que eso se asimile. El tío Jorge tiene en sus manos el suministro de petróleo a dos *continentes*, uno de ellos es el hogar de la mitad de la población mundial, el otro es el hogar de su país de nacimiento.

Fue difícil, pero tenía un plan y lo cumplió. No tengo nada más que amor y respeto por el tío Jorge, pero me siento humilde por lo diferente que resultó su historia en tan poco tiempo. Además, me siento humilde e inspirado por la forma en que la historia de mi madre comenzó como la historia del tío Luis... pero gradualmente se fue asemejando más a la del tío Jorge.

¿Recuerdas que te dije que mi madre se convirtió en una técnica de ultrasonido? Ella no genera el universo de dinero que hace tío Jorge, ni tiene el poder de las naciones en sus manos, pero desde la limpieza de las casas y el trabajo de oficina ha mejorado *mucho* su posición y circunstancias. No tener un niño hambriento que alimentar no puede hacer daño, pero permítanme hacer hincapié en que mi madre ideó este plan cuando *yo tenía catorce años*.

Ella ya creía en sus huesos que algún día me convertiría en médico, y comenzó a hacer un plan para intensificar su actividad en preparación para ese día. No solo le dijo a su hijo adolescente que tenía la intención de crear el tipo de carrera de la que su futuro médico estaría orgulloso (como si *alguna* vez me hubiera avergonzado de mi madre superheroína), sino que también podía enseñarme habilidades relevantes *como* el ultrasonido ¡y darme una mano!

¿La paternidad soltera, o la falta de tiempo y dinero se siente como un obstáculo insuperable para reinventarse en el mundo del éxito? Sin un plan, puede que tengas razón. Con el plan correcto, no hay desafío tan grande que no puedas superarlo y mejorar tus circunstancias. Solo mira a mi madre.

Hemos identificado el *Por Qué* y el *Qué* y algunos de los obstáculos en tu camino. Ahora es el momento de trazar nuestro curso a través de esos obstáculos creando un *plan de* éxito.

Un Relato de Tres Lentes

Si nunca has practicado el arte y el hobby de la fotografía, aquí tienes una primicia: una sofisticada cámara tiene dos partes principales: la **cámara** en sí y el **lente**.

La cámara es la unidad que sostienes en tu mano. Podrías pensar que el lente es el cristal curvo a través del cual la luz entra en la cámara, y estarías medianamente en lo cierto. Sin embargo, en la tecnología fotográfica, el "lente" se refiere generalmente a todo el aparato que sobresale de la cámara y dirige la luz al espejo, incluyendo el lente de vidrio, la carcasa y varios otros componentes.

Como probablemente se puede ver, el conjunto de lentes de muchas cámaras de alta gama es *intercambiable*, lo que permite que la misma cámara se utilice para diferentes propósitos. Un fotógrafo profesional suele tener una o más cámaras de gran calidad y una selección de lentes con las que puede acoplar esa cámara.

Las lentes varían según la *distancia focal*, y se dividen en tres grandes categorías:

- **Lentes de ángulo ancho,** en distancias focales de 22-35mm, perfectas para capturar paisajes amplios como cadenas montañosas lejanas con un detalle impresionante.

- **Lentes Medianos,** en distancias focales de 35-55mm, un gran "caballo de batalla" para sujetos promedio.

- **Lentes de Acercamiento o Macro,** en distancias focales de 55mm o más, perfectas para capturar finos detalles de sujetos delicados.

Tu plan de éxito será como una cámara con estas mismas tres distancias focales básicas. Así es como se descompone:

- **Gran Angular:** El plan en su conjunto. El objetivo final. El anillo de bronce. El atún de premio. La gran meta para la que estás trabajando. Hemos pasado algún tiempo mirando a través de la lente gran angular afinando tu *Qué*. Esto es apropiado, ya que el gran ángulo es la primera vista de tu plan de éxito, como discutiremos más adelante.

- **Medio:** Los principales hitos en el camino hacia tu objetivo final, los principales segmentos de la escalera del éxito que están a tu alcance. Tu plan a través de la lente media debe incluir sub-objetivos que parecen **desafiantes**, pero **alcanzables**.

- **Primer plano:** Granular, los detalles. Pasos de acción manejables y de tamaño pequeño que puedes tomar *ahora*. ¿Qué puedes hacer *hoy* para dar un paso, no importa cuán pequeño sea, para acercarte a una de las metas del lente mediano o gran angular?

Sigamos con el ejemplo de mi madre, ya que soy irremediablemente devoto. Mi madre se fijó una meta ambiciosa cuando yo era un adolescente. Para que conste, ella tenía un *Por Qué* férreo, ganarse el respeto de su ambicioso hijo, y ayudarlo con sus ambiciones. Así es como su plan de éxito podría romperse a través de los diferentes lentes:

- **Gran Angular:** Lanzar una lucrativa y satisfactoria carrera como técnico de ultrasonido.

- **Medio:** Asistir y aprobar un curso de certificación para calificar como técnico de ultrasonido.

- **Primer plano:** Ahorrar dinero para el primer curso; investigar los cursos disponibles; reorganizar el horario de trabajo para acomodar el horario de las clases.

¿Ves cómo, en cada lente más largo, los pasos se hacen más pequeños y más procesables? Tu *Qué*, que se encuentra en la vista de "gran ángulo", podría ser una reinvención tan drástica de tu vida y circunstancias que podría parecer que existe en otro planeta. ¿Qué tan *imposible* debe parecerle a mi tío inmigrante tener un día una mano en el grifo de petróleo crudo para cuatro mil *millones* de personas? Si ese hubiera sido el único "punto A a punto B" que hubiera considerado, nunca habría sabido por dónde empezar.

En lugar de eso, empezó en la escuela de primeros auxilios. ¿Demasiado ambicioso? Aprobar *una* clase. ¿Todavía parece un trabajo pesado? Aprobar *un examen*. **¡Empieza tan pequeño como sea necesario para empezar a actuar!**

Vamos a desglosar *tu* plan de éxito en vistas de lentes. Volveremos a estas listas y posiblemente las refinemos a lo largo del capítulo o del libro, pero empecemos ahora. Escribir tu plan es una forma de acción, ¡después de todo!

Comienza con la lente "gran angular" (tu *Qué*), luego desglósalo en hitos "gran angular", y finalmente en pasos de acción "de cerca".

Tu Plan de Éxito

1. **Lente Gran Angular: tu *Qué***

   _____
   _____
   _____

2. **Lente Medio: Hitos en el camino hacia tu *Qué***

   _____
   _____
   _____

3. **Lente de Primer Plano: Acciones que puedes tomar *hoy/ a corto plazo***

   _____
   _____
   _____

La Importancia de Tomar Medidas

El elemento clave de cualquier plan de éxito es la acción. El propósito de dividir el plan en tres lentes es obtener una visión lo suficientemente cercana a donde estás *ahora mismo*, y donde puedes empezar a adoptar medidas.

¿No puedes reunir el dinero para una clase? Es comprensible, algunas clases son caras, y puede llevar un tiempo. ¿Puedes reunir el dinero para un libro? Sí, muy bien. Tal vez tu paso de acción "de cerca" debería ser leer un libro que te ponga por delante del partido cuando *llegues* a la clase. Esta es otra idea "en contra de la corriente": ¿cuántas personas estudian las asignaturas *antes* de entrar en el aula? Con este simple paso, te pondrás muy por delante de tus compañeros.

Pero espera... tal vez no seas muy "lector". ¿Te intimida el tamaño del libro? Tal vez tu paso de acción debe ser *ordenar* el libro a Amazon o a la editorial. Si se queda ahí y acumula polvo, puedes reconsiderarlo. Pero ¿puedes establecer tu próximo objetivo de primer plano en "Leer diez páginas"? ¿Qué hay de "Leer una página"? ¡No hay ningún paso de acción demasiado pequeño si te lleva a la acción! ¿Recuerdas la escalera del éxito? Cada acción es un escalón de la escalera.

Tal vez haya una solución más allá de todo esto. Puedes sentirte intimidado por la lectura, pero tal vez el libro está disponible como un audiolibro. Tal vez haya un podcast o un video de YouTube del que puedas obtener información. Algunos expertos opinan sobre el valor de la lectura frente a la escucha, pero la información de un libro es inútil para ti si nunca lo abres. Mientras tanto, probablemente tengas mucho tiempo para escuchar un audiolibro en tu automóvil o en el tren para ir a trabajar. Recuerda, antes de que la alfabetización se extendiera, gran parte de la gran sabiduría y belleza del mundo, desde los Vedas a la Biblia, pasando por los poemas de Catulo y las ecuaciones de al-Khwarizmi, se difundían oralmente.

Hay otro paso de acción cercana que se esconde en el desafío de no poder pagar el curso que necesitas – ¡comienza a ahorrar dinero! ¿Podrías preparar café en lugar de parar en Starbucks y ahorrar 3 dólares al día? ¿No tienes tiempo? A veces, un paso atrás puede llevarte a dos pasos adelante: una cafetera automática puede hacerte perder 40 dólares, pero se pagará sola con los ahorros de Starbucks en menos de un mes.

Los pasos de acción pueden darse *hoy*, no la próxima semana o el próximo mes. Sé lo más detallado posible hasta el punto de que tengas pasos que puedas dar *hoy*.

El objetivo es cultivar una mentalidad de *forma productiva*, un hábito de pasos de acción diarios que te empujen hacia arriba en la escalera del éxito. Al enfocar los pasos de acción de cerca todos los días, también se construye la moral a largo plazo, un ingrediente crucial para mantenerse *positivo* (más sobre eso a continuación).

Considera la posibilidad de reconsiderar algunas de tus decisiones si no puedes encontrar una solución a tu problema. No reacciones ni actúes precipitadamente. Consulta con la almohada sobre este tema y veamos qué piensas mañana. Es increíble cómo tu cerebro puede estar "durmiendo" y, sin embargo, sigue trabajando en la solución de tu problema. Confía en mí, a veces las mejores respuestas te llegan mientras duermes.

Asumiendo la Responsabilidad

En muchos sentidos, "tomar medidas" y "asumir responsabilidades" son dos caras de la misma moneda, es decir, el mismo dinero en el banco.

Tomar responsabilidad es vivir tu vida como si todo lo que haces tuviera tu nombre impreso, todo lo que tocas huele a ti, contiene rastros de tu ADN. No puedes repudiar tus acciones o pretender que fue otra persona la que las hizo.

No asumir la responsabilidad de tus acciones es incluso peor que el fracaso de tu plan de éxito. Si tu plan de éxito fracasa y asumes la responsabilidad, puedes aprender de tu fracaso y volver de los fracasos más graves más fuerte que nunca.

Si te niegas a asumir la responsabilidad, si culpas a tus padres, a tu raza, al gobierno, a las corporaciones, a Dios en las alturas y al precio del arroz, no aprendes nada de tus fracasos, ¿y por qué deberías hacerlo? No es tu culpa. Todos los factores anteriores pueden haber desempeñado un papel, pero siempre tienes la opción de elegir qué curso de acción tomar. Abandona la responsabilidad por eso, y tu fracaso no sirvió para nada.

Mucha gente rehúye del riesgo de fracaso, pero ¿qué individuo en su sano juicio se arriesgaría a un fracaso *sin sentido*?

La solución es resolverse a asumir la responsabilidad. "Pase lo que pase, y por qué, yo tomé las decisiones y tomé las acciones. Si me levantan, la gloria es mía. Si me humillan, el fracaso es mío también, *y eso es algo bueno*. Aceptaré la oportunidad de preguntarme: "¿Qué podría haber hecho de forma diferente? ¿Qué *haré* diferente cuando la próxima oportunidad se presente?"

Harvey Reivindica Sus Fracasos

Un libro es una gran oportunidad para promocionar tus éxitos, especialmente si eres tú quien lo escribe. Como puedes ver, me he elogiado a mi mismo en este libro y probablemente no podré resistirme a elogiarme más tarde. Es genial darse palmaditas en la espalda por los éxitos en un foro público, pero probablemente pueda hacerte mucho más bien compartiendo lo siguiente...

Sí, he fallado. Muchas veces. Muchas, *muchas* veces. Por cada vez que una de mis ideas prosperó, otras diez se estrellaron y se quemaron *o* nunca llegaron al asfalto. Una de las más sensacionales fue una aplicación de software médico que intenté desarrollar para el uso de los cardiólogos y sus equipos. La clave es aprender de tus errores y seguir subiendo esa escalera.

He desarrollado 35 aplicaciones médicas a lo largo de mi carrera. Mi primera aplicación estuvo en la lista de las 10 mejores aplicaciones médicas del mundo. Tenía todas las razones para pensar que desarrollar y lanzar esta nueva aplicación de cardiología estaba a mi alcance. Estaba convencido de que mi idea era la ganadora. Invertí tiempo y dinero en las primeras etapas de desarrollo. Estaba convencido de ello.

Para no hacer la historia tan larga, en poco tiempo, me di cuenta de que estaba fuera de mi alcance. Esta idea estaba *muy* adelantada a su tiempo y requeriría mucho más mano de obra y dinero para hacerla bien que lo que tenía a mi alcance para desplegarla. Tenía una familia joven y tenía que poner comida en la mesa, una circunstancia cercana a muchos de tus corazones.

Así que lo dejé pasar y mantuve mi trabajo diario. El tiempo y el dinero que había invertido en el proyecto, lo consideré una pérdida... una buena idea que nunca se llevaría a cabo. ¿Qué

Reinventa Tu Exito

fue lo que aprendí? A investigar la viabilidad de mis ideas más a fondo antes de saltar con ambos pies.

El tiempo demostró que mis instintos eran correctos. Años más tarde, otro médico de la sala de emergencias con el respaldo de capitalistas de riesgo convirtió mi idea exacta en un negocio multimillonario. Yo perdí; él ganó.

Pero no estaba amargado entonces y no lo estoy ahora. Al menos me reivindicaba lo suficiente como para confiar en mis ideas, y si mi aplicación hubiera tenido un gran éxito, podría haber detenido mi carrera allí y vivido mis días como un rico desarrollador de aplicaciones -problemas del primer mundo, sin duda, pero nunca podría haber lanzado Trusted Medical Services, que me parece más satisfactorio que mi actividad secundaria como desarrollador de aplicaciones médicas. Esa fue la bendición que se esconde detrás de mi fracaso.

Thomas Edison probó más de 2.000 modelos de bombillas antes de que una de ellas se encendiera. Cuando un reportero le preguntó cómo siguió adelante después de haber fallado tantas veces, él respondió: "No fallé". Descubrí 2.000 formas de *no* hacer una bombilla. Solo necesitaba encontrar *una* manera de hacerla funcionar".

Harvey Castro no es un fracaso solo porque haya fracasado en una aplicación de cardiología. La *idea* simplemente no resultó. *Harvey Castro* es un hombre afortunado que descubrió una forma fantástica de *no* lanzar una aplicación de cardiología.

Tomando un Respiro

Algunos entrenadores de desarrollo personal y gurús hacen que la "acción" parezca una perspectiva "hacer-hacer-hacer" que es francamente agotadora de escuchar. Cualquier esfuerzo que *creas* que necesitas hacer para servir a tus objetivos, tómalo y multiplícalo por diez. *Eso* es lo que se necesita para ser un ganador. Los ganadores se esfuerzan más y hacen más que cualquiera de sus pares, y sobre todo, nunca, nunca se toman un descanso. *Nunca* se detengan, y nunca renuncien. Solo los perdedores renuncian.

Fácil, ¿verdad? Algunas personas pueden manejar ese tipo de acción a todo vapor... por un tiempo. Una consecuencia más común de este tipo de "ética de trabajo" es el *agotamiento*. La mayoría de la gente no puede mantener su intensidad a un 10 permanentemente... *y no tienen que hacerlo*. Un 6 constante con ráfagas de 7 u 8 y el ocasional descanso a las 2 o 3 te llevará lejos.

Hay una insidiosa "evasión" que se esconde detrás de la mentalidad "rah-rah" del subconjunto "más duro". Si fallas, hay una respuesta fácil: ¡no te esforzaste lo suficiente! ¿Qué tanto lo querías? ¿Quién necesita tener un sistema que realmente *funcione* si la clave de tu sistema es "hazlo a lo grande o vete a casa"?

El problema es que no hay límite para lo grande que puedes llegar... pero ninguno de nosotros comienza en ese nivel. Tienes que trabajar hasta alcanzarlo. No tratarías de levantar 500 libras en tu primer día en el gimnasio, ¿verdad? Terminarías agotado.

La verdad es que los sabios saben cuándo descansar en el proceso de reinvención. Recuerda, ¡el éxito es como una escalera! Solo porque te tomes una pausa no significa que caigas de nuevo al fondo, deshaciendo todo el trabajo que hiciste. El dinero que ahorraste *puede* permanecer ahorrado; las lecciones que aprendes *pueden* permanecer aprendidas. Cuídate, y te estarán esperando cuando tomes el segundo viento.

¿Este libro que estás leyendo? Trabajé en él, de vez en cuando, durante cinco años. Comparado con los que acaban un libro en uno o dos años, podría parecer un perdedor. Sin embargo, tenía *otras cosas en marcha* - varias compañías, incluyendo una sala de emergencias que es mi proyecto favorito y que pronto se expandirá a la atención urgente y a los micro-hospitales. Soy un padre soltero para mis hermosos hijos. Ten en cuenta que, sea lo que sea lo que esté pasando, haz tiempo para tu familia y para ti mismo. Asegúrate de siempre devolverle algo a tu familia y a tu comunidad. Es bueno para el alma.

El libro se terminará. Lo sabía. Solo porque lo dejé de lado por períodos de tiempo no significa que esté muerto. Si estás leyendo esto ahora... bueno, un ejemplo. Toma en cuenta, lo que sea que tengas en mente, haz tiempo para tu familia y para ti mismo. Asegúrate de siempre devolverle algo a tu familia y a tu comunidad. Es bueno para el alma.

En cuanto a la noción de que "solo los perdedores renuncian", *renuncié* a mi aplicación de cardiología cuando me quedó claro que no funcionaría. La gente de éxito sabe cuándo está fuera de sí y reduce sus pérdidas. De hecho, algunos triunfadores se quitan la derrota de las fauces de la victoria porque *no saben cuándo renunciar,* persiguen las pérdidas con una idea que no funcionará hasta la bancarrota y el fracaso, de forma irónica, porque piensan que renunciar los convierte en un fracaso.

A veces los mejores pasos de acción se parecen mucho a la *inmovilidad*. ¿No hay pasos concretos delante de ti? Tal vez es tu momento para aprender. O para ahorrar dinero. O descansar y conservar tu energía. La acción no tiene que parecerse a una maratón al ritmo de un velocista.

Incluso Dios se dio un descanso. Sigue Su ejemplo.

¿Por Qué Fallan Los Planes De Éxito?

Soy consciente de que cuando hablo de una reinvención del éxito - la escalera de la productividad, la mentalidad del modo productivo, el establecimiento de obstáculos, el pensar más allá - lo hago parecer fácil. Esto puede haber sido algo que ya sabías. Pero si es tan fácil, ¿por qué no lo hace todo el mundo? ¿Por qué parecen fallar tantos planes de éxito?

La gente a menudo tiene sus razones, muchas de ellas excusas que reflejan una falta de voluntad para asumir la responsabilidad. Recuerda, *está bien fracasar, ¡pero asume la responsabilidad!*

Muchos planes de éxito fallidos (que probablemente solo son planes de éxito *interrumpidos* o *desviados*) se originan en el miedo.

El miedo es la emoción humana básica que nos detiene en nuestro camino. Todos lo sentimos, incluso los más exitosos. La gente que hace grandes cosas no las hace porque no sienta miedo, sino porque aprende a manejarlo.

No corremos el riesgo de que nos coma un tigre en la sabana como cuando evolucionaron nuestros instintos de miedo, así que voy a desglosar las dos fuentes más comunes de miedo y a sugerir estrategias para controlarlas.

Sin embargo, lo primero y más importante es que si el miedo te hace dudar de tus pasos de acción, *considera la posibilidad de que no hayas activado completamente la lente de primer plano*. Sigue retrocediendo hasta que llegues a un paso que puedas dar hoy sin miedo. Esto no tiene por qué ser una tortura.

Tal vez quieras llamar a un mentor en secreto, pero tienes miedo de molestar a tu potencial mentor por teléfono. Retrocede... ¿podrías enviar un mensaje de texto o un correo electrónico pidiendo permiso para hacer la llamada o a qué horas sería bueno? Eso son solo buenos modales. ¡Mucha gente responde a los mensajes de texto y a los correos electrónicos!

¿Un tipo en un podcast te dijo que "los hombres de verdad llaman en secreto" y no mandan mensajes de texto ni correos electrónicos? El tipo del podcast tiene derecho a su opinión, pero el objetivo es *tomar medidas*, no impresionar al tipo del podcast. Haz un zoom en ese primer plano hasta que tengas una tarea delante de ti que no te asuste.

Entonces, ¿a qué suele temer la gente?

Miedo al Cambio

Incluso un desagradable status quo puede ser tolerable si te sumerges en él el tiempo suficiente. Algunas personas incluso se aclimatan a la prisión si se les permite, después de un número de años ya no pueden actuar como hombres o mujeres libres.

De hecho, una de las principales cosas que frenan a la gente no es su miedo al fracaso sino su miedo al éxito. No saben cómo su reinvención impactará en su relación con el mundo, con el dinero, con sus familias, con sus cónyuges e hijos, con sus amigos. Más dinero, más éxito, más satisfacción... *suenan* bien, pero una vez que de repente parecen estar al alcance de la mano, algunas personas entran en pánico y se auto-sabotean.

Hay dos maneras de aprender a manejar su miedo al cambio:

Sientete Cómodo con el Cambio

Empieza a reorganizar tu rutina, poco a poco. No tienes que reventar toda tu agenda en un día. Empieza de forma sencilla. Intenta dormir al otro lado de la cama, o cepillarte los dientes *después* de ducharte si estás acostumbrado a hacerlo de la manera opuesta.

Toma una nueva ruta para ir al trabajo. Desafíate a ti mismo a probar una nueva cocina o a cocinar un plato que nunca hayas cocinado antes. Haz ejercicio a una hora diferente del día o prueba un nuevo régimen de ejercicios. Intenta escuchar podcasts o audiolibros en lugar de música en tu trayecto.

Estas pequeñas modificaciones parecen menores, pero tienen un propósito: cambiar gradualmente tu identidad de persona de hábitos a persona que se mueve con los cambios y no les teme.

Imagina el Cambio

Revisa el trabajo del capítulo uno donde usaste los cinco sentidos para imaginar cómo sería tener éxito en el nivel de tus sueños más salvajes: cómo se ve, se siente, huele y sabe la reinvención de un éxito. Anota algunos detalles más. Probablemente has tenido la oportunidad de sumergirte en tus sueños en los últimos capítulos. ¡Constrúyelo!

Ahora escribe algunos cambios que sospeches que el éxito podría traer a tu vida. Los cambios no tienen por qué ser negativos, pero sé honesto contigo mismo sobre qué cambios podrían ser negativos. Si tu padre fracasó en muchas cosas y se amargó, ver que tienes éxito puede erosionar tu relación. Pero ese puede ser el precio que tienes que pagar. Y si te preparas para lo peor, podrías sorprenderte placenteramente... ¡Puede que se emocione ante la oportunidad de vivir indirectamente a través de tus éxitos!

Tómate un momento para imaginar los diversos cambios que el éxito podría introducir en tu vida:

Cómo el éxito cambiará mi rutina diaria:

_____
_____
_____

Cómo el éxito cambiará mi relación con mis amigos:

_____
_____
_____

Cómo el éxito cambiará mi relación con mi familia:

_____
_____
_____

Cómo el éxito cambiará mi actitud hacia el dinero:

_____
_____
_____

Cómo el éxito cambiará mi entorno:

_____
_____
_____

Cómo el éxito cambiará mi relación con mi comunidad:

_____
_____
_____

Miedo a lo Desconocido

El miedo a lo desconocido está relacionado con el miedo al cambio. Puede que odies tu vida, ¿pero qué pasa si odias más tu *nueva* vida? ¿Y si fracasas? Mucha gente elige el "diablo que conocen" sobre el "diablo que no conocen". A veces lo desagradable conocido es menos aterrador que lo desconocido.

La mejor cura para el miedo a lo desconocido es la *educación*. ¿Recuerdas cuando eras tú el que estudiaba para el curso que aún no habías hecho? Cuando llegó el momento de comprar un edificio para nuestra sala de urgencias, no sabía cómo negociar. Tenía miedo de sentarme en una mesa de negociación con un propietario o un agente inmobiliario inteligente... y pensé que había una excelente posibilidad de que me llevaran a la tintorería. Aún así, no confiaba en nadie más para la negociación de mi bebé, así que le pedí a mi socio que me autorizara a tomar la iniciativa en las negociaciones.

Me propuse hacer un curso intensivo de negociación. Encontré diez de los mejores libros de negocios y me devoré los capítulos sobre negociación (todos tenían uno). No diez libros enteros, sino diez *capítulos* de libros sobre la habilidad especializada que necesitaba. De esa lectura, deduje algunas de las habilidades más profundas necesarias para ser un mejor negociador y conseguí dos libros sobre esas habilidades.

Para cuando me senté en la mesa de negociación, ya había hecho más tareas que muchos otros médicos que se sumergen en la propiedad del hospital. Todavía estaba nervioso, pero estaba preparado. Los consejos que había inhalado de esa lectura valieron la pena. Por cada movimiento que el vendedor hacía, yo tenía un contrafuerte. Terminé consiguiendo un trato mucho mejor de lo que esperábamos.

Convierte lo desconocido en lo conocido, y será muy difícil mantenerse asustado.

La Importancia de la Tutoría

Una forma de conquistar el miedo a lo desconocido es acercarse a alguien que ha caminado exactamente el mismo camino que quieres recorrer, alguien que ha estado allí, sabe dónde están las trampas y puede decirte dónde pisar.

Tuve varios mentores a lo largo de mi carrera, muchos de ellos en el proceso de convertirse en médico. Me sorprende, sin embargo, que me haya tardado hasta los 40 años en *buscar activamente* un mentor... pero lo estoy haciendo ahora. Estoy en el proceso de lanzar un negocio de MD VIP en Dallas, pero busqué y recluté activamente la tutoría de un experto que había abierto este tipo de negocios antes.

Este tipo es increíble. A los 75 años, está casi retirado, pero es un mentor para los nuevos empresarios como yo, como una forma de retribución. Conoce *todos* los trucos del negocio, así como todos los errores en los que me hubiera metido sin él para protegerme.

Si no has tenido la suerte de tener un mentor fuerte hasta ahora, busca uno. Busca gente en los medios sociales o en LinkedIn que hayan estado donde tú has estado y acércate a ellos. La clave para contratar un mentor es *dar* antes de *pedir*. Mira lo que tienes de valor para ofrecerles, incluso si es solo un artículo interesante que se aplica a su industria. Incluso podrías pedir una rápida opinión sobre el artículo. ¡A los mentores les encanta mostrar sus conocimientos!

(No te ofrezcas a trabajar para ellos de forma gratuita si eres un completo desconocido. Por muy buen trato que creas que puedes ofrecer, el mentor no te conoce, y venir con esa fuerza e intensidad puede dar un poco de miedo).

Otra puerta para encontrar un mentor es *convertirse* en un mentor. Fundé la mayor sociedad pre-médica en Texas A&M cuando era estudiante. Entrené a numerosos estudiantes sobre cómo entrar a la escuela de medicina, ¡y ni siquiera estaba *en* la escuela de medicina todavía! Pero había editado los libros de texto del MCAT y conocía todos los trucos. Cuando llegué a la escuela de medicina, un buen porcentaje del cuerpo estudiantil me recordaba, ¡ya que yo les enseñé a hacerlo! Es mejor que creas que estaban felices de llevarme bajo sus alas.

La Importancia de Pensar Positivamente

La última pieza del rompecabezas del plan de éxito es *pensar positivamente*. Nuestras actitudes tienden a reflejar nuestros resultados. ¡Un estudio realizado en 2019 en los EE.UU. incluso descubrió que los optimistas tienden a tener un 11-19% más de vida útil!

Si has tenido una mala racha y tiendes a esperar lo peor, esto no es una sentencia de por vida, pero debe ser tratado. Los humanos en el extremo inferior de la jerarquía social tienden a vivir en un alto estado de estrés. Los elevados niveles de cortisol (una hormona del estrés que es muy fuerte para el corazón) te mantienen en un constante estado de "lucha o huida", porque en las sociedades de cazadores-recolectores, vivir en los márgenes sociales conlleva un alto riesgo de muerte.

Por eso la gente rica, famosa y hermosa *parece* tan feliz, no por su estatus, sino por el hecho de que ese estatus mantiene sus niveles de cortisol bajos. Una hermosa millonaria que todavía cree que está baja en la jerarquía tendrá la misma cantidad de cortisol, y será igual de propensa al pesimismo.

De nuevo, ¡*solo porque a veces dudes de ti mismo o imagines lo peor no significa que estés condenado a fracasar!* Todo el mundo tiene dudas y temores a veces. Algunas personas exitosas las tienen todo el tiempo. La clave es desterrar esos pensamientos negativos de *la mentalidad del modo productivo*, la mentalidad que te impulsa a subir la escalera de la productividad, escalón a escalón. Los sentimientos negativos pueden esperar hasta la hora de ver la televisión cuando no pueden hacer ningún bien (*nunca hacen ningún bien*).

Las formas de apagar tu negatividad y adoptar el optimismo incluyen:

Vivir en el Momento Presente

Algunas personas hacen esto mediante la meditación, o simplemente con chequeos diarios. Puedes temer un desastre personal o financiero que se avecina en el horizonte, pero mira a tu alrededor. ¿Está todo bien ahora mismo?

¿Se está incendiando tu casa? ¿Está el alguacil llamando a la puerta con los papeles de desalojo? ¿Tus hijos están sangrando por los ojos?

¿Dijiste no a todo lo anterior? Entonces, ¿no es lógico que todo esté bien en este *momento*? ¿Sí? ¿Entonces por qué no te *sientes* bien? Date ese regalo a ti mismo, tanto a tu yo actual como a tu yo reinventado.

Contando tus Bendiciones

Puede sonar trillado

, pero nada destierra el miedo y el pesimismo como la gratitud. Escribir tus bendiciones es una práctica diaria *increíble*, ya sea por la mañana o por la tarde, sobre todo si tienes alguna negatividad que poner en el camino. Empecemos ahora mismo. ¡Dame diez!

Cosas por las que estoy agradecido hoy:

1. _____
2. _____
3. _____
4. _____
5. _____
6. _____
7. _____
8. _____
9. _____
10. _____

Tu Plan de Éxito

Puntos Clave

- Un gran plan de éxito puede hacer una *gran* diferencia en tus circunstancias en un corto período de tiempo.

- ¡Entra en acción! Divide tus metas en "lentes". Tu *Qué* está en el lente "gran angular", pero tus objetivos de "primer plano" son pequeños y lo suficientemente alcanzables como para tomar medidas *hoy*.

- Asume la responsabilidad de tus acciones, *especialmente* de tus fracasos. Está bien fallar, ¡siempre y cuando aprendas de ello! Ve tus fracasos como lecciones crecientes que te hacen más fuerte.

- El miedo impide a muchas personas implementar planes de éxito, así que haz un plan para manejar el miedo ahora. Combate el miedo al cambio implementando pequeños cambios. Combate el miedo a lo desconocido con la educación.

- ¡Piensa en positivo! Conduce a mejores resultados. Si a veces tienes pensamientos negativos o pesimistas, está bien, pero mantenlos separados de tu modo productivo centrándote en el presente y contando tus bendiciones.

Por supuesto, incluso el mejor plan podría fallar si no lo abordas con *atención*. Para encontrar nuestro enfoque, démonos el gusto de hacer un viaje a Brasil..

CAPÍTULO 4:

Secretos para la Reinvención

En el sudeste de Brasil, en la frontera con Argentina, se encuentran las Cataratas de Iguazú, una maravilla de la naturaleza y el sistema de cataratas más grande del mundo. El agua desciende hasta 82 metros desde 275 caídas separadas, que van desde goteos hasta torrentes de agua. Cuando Eleanor Roosevelt visitó las cataratas en una de sus muchas giras mundiales, se le oyó proclamar: "¡Pobre Niágara!"

En el lado brasileño, se pueden experimentar espectaculares vistas panorámicas de las enormes cataratas que vacían millones de galones de agua del río Iguazú superior. Cruza al lado argentino y podrás disfrutar de una tranquila caminata por la naturaleza que culmina con un paseo por un sendero de puente sobre el agua para enfrentarte cara a cara con *La Gargan-*

ta del Diablo. El agua se vierte en este abismo sobre una de las mayores caídas de la cascada en tres lados. Es difícil describir lo *grande* y *poderosa* que es la garganta del diablo, una bomba atómica de energía hidroeléctrica que se vierte en un tumulto de arroyos y riachuelos sobre los acantilados del cañón en un centro común, produciendo una niebla que parece humo que se eleva de un volcán. Imaginen el Gran Cañón con un océano derramándose en él. Mirando a *La Garganta*, es fácil venerar a los pies del asombroso poder del agua.

Sin embargo, el sendero del bosque que te lleva a *La Garganta* es interesante por sí mismo. Más tranquilo, hogar de fascinantes especies de árboles, plantas y animales, pequeños arroyos y riachuelos forman pequeñas cascadas propias sobre la dramática topografía. Estas pequeñas cascadas te permiten acercarte a las Cataratas del Iguazú de una manera que no puedes hacer con *La Garganta* a menos que tengas un profundo deseo de morir.

Estas mini-cascadas demuestran un poder más silencioso del agua, pero igualmente asombroso. El agua traza un camino serpenteante sobre cualquier topografía que encuentre. ¿Una roca aquí? Da la vuelta. ¿Una elevación repentina? Gira a la izquierda y da la vuelta. ¿Una bajada repentina? Cae hasta que se encuentre con otro obstáculo, y luego sigue su curso. ¿Una depresión extensa? Se pone en un pequeño estanque o un lago hasta que el agua se desborde de las orillas, entonces continúa su implacable descenso. Es fascinante observar los caminos que estos pequeños arroyos trazan incansablemente en este persistente viaje hacia abajo.

Ese viaje estaba predestinado por la gravedad. Einstein describió la gravedad con una elegante belleza: la masa le dice al espacio cómo curvarse, el espacio le dice a la masa cómo moverse. A un fluido en la superficie de un pozo gravitatorio masivo como el planeta Tierra se le dice que se mueva, tan eficientemente como sea posible, hacia el centro de ese pozo gravitatorio, el núcleo de la Tierra. Si el agua se encuentra con una superficie dura, se detendrá y esperará su momento hasta que esa superficie desaparezca. Pero nunca deja de buscar una forma de bajar, bajar, bajar para acercarse lo más posible al centro de la Tierra. Fluye en cualquier dirección que esté disponible para encontrar su destino gravitacional. Incluso si encuentra tierra firme y no hay más oportunidades de caer en cascada, parte de esa agua encontrará grietas o poros en el suelo, continuando su viaje en dirección al centro gravitatorio de la Tierra.

Mientras que el agua en su mayoría elude los obstáculos, *también* da forma a su entorno. El agua en movimiento tiene una fuerza propia que moldea la topografía, desgasta los bordes, corta las zanjas más profundas, ejerce su voluntad en el terreno que obstaculiza su búsqueda de moverse cuando la gravedad la obliga a hacerlo.

Aunque el agua no es sensible de ninguna manera que podamos entender, podemos aprender mucho de este comportamiento. El agua tiene un objetivo: moverse con la curvatura del espacio hasta que haya gastado toda su energía potencial. A veces se impulsa a través de ella. A veces da vueltas. A veces se acumula y espera el momento oportuno. A veces da forma al mismo camino que recorre. Sin embargo, nunca se rinde porque tiene un destino.

¿Cuál es tu destino? ¿Estás listo para superar los obstáculos? ¿Rodearlos? ¿Esperar el momento oportuno para hacer tu movida? ¿Dar forma al mundo con tu viaje?

Secretos para la Reinvención

Así es como se ve una reinvención exitosa. Al igual que el agua, necesitas un objetivo. Lo que te lleva a esa meta es la *concentración*. Como el agua en un acantilado, siempre hay un camino. La concentración te ayuda a encontrarlo.

Siempre ten en cuenta en tu *Por Qué*. Te dará la energía para avanzar. Puede ser el combustible que mantiene el agua fluyendo.

_____
_____
_____

La historia de mi madre es inverosímil. Mírala desde los 3.000 metros - una madre adolescente, un cónyuge abusivo, un inmigrante de un país en vías de desarrollo con un inglés limitado y poca escolaridad. Es el tipo de historia que tiene "pobreza generacional" escrita por todas partes. Sin embargo, su hijo, un estadounidense de primera generación, no solo logró una educación avanzada, una carrera en un campo competitivo y éxito empresarial, sino que ella misma logró un éxito profesional que contradecía su educación para el diploma de educación secundaria (GED).

Como mencioné, su jefe la ayudó inmensamente. Ella había sido secretaria en una clínica, y el dueño de la clínica estaba encantado con el deseo de su empleada de avanzar en su carrera. Reorganizó todo su horario de la clínica, incluyendo la reducción de sus horas de los domingos para que mi madre pudiera estar libre para un programa de cursos riguroso y un viaje de dos horas a sus clases. Su jefe incluso pagó de su bolsillo para que la gente cubriera sus turnos, esencialmente pagando el doble de los costos de la nómina por las horas en que mi mamá necesitaba estar en o de camino al entrenamiento de ultrasonido en Long Island. Durante el receso de primavera y verano de la escuela, incluso cogí algunos de sus turnos de recepción en la clínica. Su reinvención exitosa fue un esfuerzo familiar.

Fue un obstáculo importante para mi madre, que se dedicó a la escuela nocturna en un horario en el que ya tenía poco tiempo libre. Pero no fue el único obstáculo que mi madre enfrentó en su exitosa reinvención. Ni siquiera el peor.

En la escuela de ultrasonido, mi madre se enfrentó al escepticismo y la discriminación desde el primer día por su edad, su nivel de educación, su nacionalidad. "¿Qué haces aquí?" sus compañeros tuvieron la audacia de preguntarle. "No tienes educación. No perteneces a este lugar". Incluso sus profesores fueron tan poco amables como para decirle: "Nunca te graduarás".

Mi madre lo soportó y obtuvo notas satisfactorias en sus cursos, pero su certificación la dejó con poca experiencia y conocimientos. Eran tiempos anteriores a YouTube, y no había mucho que se pudiera aprender de los libros.

Así que al igual que el agua de las Cataratas del Iguazú, mi madre se puso a gravitar sobre esos obstáculos. Tenía una meta, un destino, e iba a encontrar un camino. Le preguntó a todos sus conocidos, a todos los que estaban cerca, si podía practicar la técnica del ultrasonido en ellos. Yo era uno de sus sujetos favoritos. Recuerdo que me dijo: "Harvey, acuéstate para que pueda hacerte un ultrasonido. Quiero ver cómo son los órganos normales". Cuando pienses que *tus* conversaciones con *tu* madre se vuelven extrañas... allí estaba yo, acostado sobre mi estómago con gelatina en mi espalda, y mi madre diciendo "¡Dios mío! ¿Así que *así* es como se ven los riñones sanos?"

El agua en las cataratas a menudo encuentra más de un camino alrededor de un obstáculo. Mi mamá no se detuvo ahí. Un uso importante de los ultrasonidos es la imagen de un feto en el útero, como probablemente sabes. Mi mamá llegó a esperar fuera de Fiesta Mart, la tienda de comestibles hispana, esperando que las mujeres embarazadas entraran o salieran. Las detenía y les preguntaba si podía practicar su técnica de ultrasonido con ellas. No les cobraba nada, y les permitía quedarse con las imágenes. ¿Qué futura mamá no aceptaría ese ofrecimiento? Sin el tipo de ayuda que *debería* haber esperado de sus profesores y compañeros de clase, encontró una manera.

Su *proeza*, sin embargo, llegó a los 61 años, edad en la que mucha gente empieza a pensar en retirarse o al menos en reducir la velocidad. Mi madre trabajó como una de las veinte técnicas de ultrasonido en el equipo de radiología de un gran hospital, pero la llamaron a la oficina de su supervisor, donde le dijo con el tipo de tacto y sensibilidad que ella esperaba de él: "El hospital se está reestructurando. Solo uno de los técnicos de ultrasonido será empleado; los otros 19 serán despedidos".

El jefe de mi madre fue aún más amable al aconsejarla directamente: "A quien sea que elijan para quedarse, no serás tú. Eres demasiado vieja, y no sabes cómo hacer un ultrasonido. Definitivamente serás una de las despedidas".

Súper. Así que mi madre se encontró mirando fijamente el cañón del desempleo. ¿Qué hacer? Había estado en el camino de su destino gravitatorio durante décadas, pero ahora se enfrentaba a la perspectiva de estancarse en una piscina fétida, justo cuando sentía que estaba dando su gran paso.

Excepto que, a veces, el agua esculpe un camino a través de los mismos canales que tratan de restringirla. Mi mamá se mantuvo enfocada en su tarea y en el destino que había elegido para sí misma, y atacó el problema. No sería despedida sin una pelea. Probablemente podría haber demandado al hospital por agresión, pero para el crédito de mi madre, tomó un camino diferente, convenciendo a sus superiores, en contra de las advertencias y expectativas de su supervisor, para que la mantuvieran.

¿Recuerdas que la escuela de mi madre como técnico de ultrasonido ocurrió antes de la invención de YouTube? Su enfrentamiento con el supervisor de ultrasonido de radiología vino *después* de la invención de YouTube. Tomemos un momento y cantemos las alabanzas al Internet... mientras que la escuela aún tiene su espacio, en cierto sentido el Internet la ha vuelto obsoleta. *Todo el conocimiento humano* está disponible para cualquiera que quiera aprenderlo. Solo se necesita una mente curiosa... o un *Por Qué* lo suficientemente fuerte, el tipo de *Por Qué* que tiene una atracción gravitacional, como un planeta.

Así que con el poder de YouTube y otros rincones de Internet, mi madre se propuso aprender el ultrasonido de eco, la técnica que su jefe indicó que la llevaría a su despido por falta de él. Por supuesto, su jefe también había expresado agresividad y no había forma de que cambiara de opinión. Así que, cuando mi madre dominó la ecografía, aprovechó todas las oportunidades para usarla en la práctica. Se ofreció a realizar todos los ultrasonidos y ecografías que pudo. Obtuvo una reputación por su diligencia y calidad de trabajo. Sus imágenes fueron ampliamente reconocidas en el departamento como las mejores del grupo. Los radiólogos a cargo incluso comenzaron a referirle los casos más difíciles, confiando en que ella haría el mejor trabajo.

Cuando llegó el momento de la reestructuración, se anunció que el departamento de radiología quería quedarse con mi madre. Todos los demás fueron despedidos, *incluyendo al jefe de mi madre*. Es un fastidio cuando la gente se empequeñece, pero el hecho de que mi mamá venciera a ese supervisor despreciable fue muy dulce. Demostró que a cualquier edad puedes mejorar y marcar la diferencia.

No importaba que mi madre tuviera 61 años. Tenía su *Por Qué* en orden. Se había fijado hace décadas, y todavía tenía la atracción gravitacional que tenía en ese entonces. Sin importar los obstáculos que el mundo le pusiera en el camino y sin importar su edad, ella iba a encontrar un camino.

Como el agua orientada al centro de la tierra, mi madre tenía un *enfoque* inquebrantable. Por eso era capaz de lograr cosas que otros consideraban imposibles. Hemos hablado de su *Por Qué*, de los obstáculos y de la construcción de un plan de éxito. El *enfoque* es el siguiente paso. Es lo que convierte un plan en resultados.

Puede que hayas hecho una lluvia de ideas de un millón de *Por Qués*, escribiendo mil planes de acción. Sin enfoque, no se produce ninguna acción o se produce una acción errónea. Puede que lo hagas de la manera equivocada, resultando en errores y contratiempos que podrías haber evitado.

Los pasos que dimos para pasar del *Por Qué* a un plan de éxito están diseñados para aumentar tu concentración también. Tu razón es tu centro de gravedad, el plan de éxito está repleto de pasos de acción de cerca que puedes tomar todos los días.

Si tu plan de éxito todavía está intacto y te encuentras incapaz de concentrarte en él, ¿qué deberías hacer? Podría haber un millón de buenas razones: compromisos con el trabajo, la familia y los niños, actividades que te den equilibrio pero que no te empujen hacia tus objetivos.

Aléjate del Ruido

Como probablemente adivinen, Brasil es uno de mis lugares favoritos. Prefiero la playa a las Cataratas de Iguazú. Me encanta caminar por la playa, sentir la arena, oír el agua de un sitio diferente, y desenchufarme de todo.

Puede sonar como un capricho, pero es absolutamente vital para lo que hago. Dejado a mi suerte, puede que nunca me tome unas vacaciones. Alejarse del ruido es una oportunidad para rezar, meditar, "afilar el hacha" y concentrarse en lo que sigue.

Tampoco tengo que ir tan lejos como a Brasil. Incluso algo tan simple como un paseo alrededor de la manzana, o una hora con los teléfonos, ordenadores y tabletas apagados, puede ser suficiente para construir un espacio vital de aire en tu día.

Lo sé, lo sé... "Escoge una cosa, Dr. Castro". Pasé todo el último capítulo exaltando las virtudes de la acción... y ahora te digo que vayas más despacio.

Pero estamos hablando de *concentración*, sin la cual no puede haber acción. Si estás "hacer-hacer-hacer" todo el tiempo, es imposible concentrarse.

Tu tiempo "propio" no es una indulgencia, es una necesidad. Trátalo como tal. Manténlo sagrado de las interrupciones, de tu jefe, de tus hijos, de la TV, de todo. Tu jefe quiere lo que quiere; tus hijos tienen necesidades que tú cumples; solo tú puedes darte lo que *necesitas*. Para escucharte a ti mismo, solo tiene sentido alejarse.

Vayamos a trabajar reclamando tu tiempo "propio". ¿Cuáles son las cinco actividades que podrías hacer en un día que serían solo para *ti*, para pasar tiempo contigo mismo y rezar, o meditar, o considerar los próximos pasos? Podría ser dar un paseo, meditación musical, preparar el desayuno desde cero... cualquier cosa que despeje el ruido y te permita concentrarte en ti, no el millón de distracciones que desvían tu atención y te desvían de tu plan de éxito. ¿Cómo te alejarás del ruido?

TIEMPO PROPIO:

1. _____
2. _____
3. _____
4. _____
5. _____

Pon una estrella junto a una de ellas, que se convertirá en tu meditación diaria, tu oportunidad diaria de alejarte del ruido y practicar el enfoque. O, podrías elegir una para asignarla a cada día de la semana. Cualquiera que sea el método elegido, asegúrate de practicar esta técnica de enfoque todos los días.

Hazte Amigo del Tiempo

Mucha gente siente que el tiempo está en su contra. No hay suficientes horas en el día. Los niños crecen demasiado rápido. Y oh, mira, otra cana.

La verdad es que con un plan de reinvención exitoso, el tiempo *está* de tu lado. La reinvención del éxito es menos una reinvención de tu vida que una reinvención de ti mismo. No se trata de dónde estarás dentro de diez años, sino de en quién te conviertes *ahora*. Eso es lo que establece los próximos diez años.

Así que empieza a dejar ir el pánico temporal: "¡Oh Dios, se me acaba el tiempo! ¿Cuándo podré estar listo?" Acepta el hecho de que las cosas están probablemente bien *ahora*, probablemente *estarán* bien durante algún tiempo, o si no, entonces estarán bien de nuevo en algún momento del futuro. Acepta el hecho de que el tiempo está de tu lado. ¡Es una buena noticia!

El hecho de ser amigo del tiempo te ayuda a concentrarte porque te ayuda a *evitar juicios precipitados*. Encuentro que es difícil tomar la decisión equivocada si te das el tiempo para pensarlo. Podría tomar un día, una semana, un año, incluso diez años.

Mucha gente quiere que hagas juicios rápidos. Normalmente lo hacen para tratar de promulgar *su* voluntad sobre ti, incluso si te dicen que una decisión rápida es de tu interés. No es así. Normalmente intentan venderte algo, o quieren algo y se dan cuenta de que la "conmoción y el asombro" es la mejor manera de salirse con la suya, entrar duro y rápido, y cerrar un compromiso. Si alguna vez has visto una página de ventas en la que te dicen que actúes ahora, porque una oferta está a punto de expirar y no volverá nunca más (muchas de esas páginas están automatizadas), sabes de lo que estoy hablando.

La verdad es que siempre hay tiempo para considerar tus opciones. Incluso si te cuesta más a largo plazo, el costo de una decisión rápida puede ser mucho más alto. Libérate de la culpa. No es un signo de debilidad o de fracaso el tomarte el tiempo para tomar las grandes decisiones de tu vida.

Soy un gran creyente en "consultarlo con la almohada". Si mi socio se preocupa por una decisión, normalmente corto la conversación y digo: "No pienses en ello, solo consúltalo con la almohada". Creo que hay un segundo cerebro que cobra vida cuando dormimos; que los sueños son la forma en que el cerebro resuelve los problemas (no hay pruebas de esto, pero realmente no sabemos para *qué* sirven los sueños). Pocas cosas enfocan la mente y traen claridad a las preguntas difíciles como una buena noche de sueño.

La parálisis analítica es algo real: con el tiempo, tienes que decidir sobre *algo* y tomar medidas… pero si te tomas tu tiempo, reúnes información y actúas con confianza, es poco probable que el camino que elijas termine en un desastre. Después de todo, consideraste tus opciones y miraste todos los ángulos.

Olvida que el tiempo existe. Tómate todo el tiempo que necesites para considerar las decisiones que tienes delante. Impúlsate para tener confianza y actuar según lo que decidas, pero honra el viaje que se necesita para llegar a esa confianza.

Convierte lo Negativo en Positivo

La gente no tiene éxito porque sea perfecta, o incluso porque sea mejor que tú. Todos tenemos "defectos", o más bien, lo que la sociedad *considera* como defectos, posiblemente porque hicieron que alguien se sintiera incómodo esa vez.

A veces la gente tiene éxito *a pesar* de sus defectos, pero incluso eso no es tan común como se podría pensar. Más común es la tendencia de las personas que tienen éxito convirtiendo sus debilidades en fortalezas.

Soy lo que la sociedad llama "TDAH". Apenas puedo concentrarme en una cosa durante más de un minuto antes de pasar a la siguiente cosa interesante.

No soy el único. Mucha gente considera que su incapacidad para concentrarse profundamente en una cosa a la vez es un defecto de carácter que les impide lograr grandes cosas.

Le doy la vuelta a esa lógica. ¿Mi mente se dispersa en todas las direcciones? ¡Eso me convierte en un gran cerebro! Si me siento en una sesión de planificación, se me ocurrirán diez ideas. La mayoría de ellas no tendrán inspiración, unas pocas serán basura, pero otras contendrán las semillas de una idea viable.

La tarea para mí, para convertir mi TDAH en una fortaleza, es encontrar mentores y socios que puedan lidiar con eso; que puedan tomar mi salida de una milla por minuto e imponerle una estructura, mirarla a través de las tres diferentes lentes de la cámara y descomponer mi señal confusa en pasos de acción que podamos tomar como un equipo.

¿Cuáles son las cualidades negativas que te frenan? Enumera cinco de ellas, y luego trata de darles un giro positivo como yo lo hice, desde "TDAH" hasta "Buena Lluvia de Ideas". Si no puedes pensar en el giro positivo, ¡no tengas miedo de ir a

Google! Averigua cuál es el lado positivo de ese talón de Aquiles al que te has resignado o al que has culpado de los fracasos del pasado.

EL GIRO POSITIVO DE LA DEBILIDAD

_____
_____
_____

Encuentra un Mentor

Ya hemos hablado antes de los mentores. Sigo volviendo a ello porque sigue siendo importante. Un mentor puede ser muchas cosas para mucha gente, pero uno de los papeles más importantes que cumplen es proporcionarte enfoque.

Pueden hacerlo haciéndote responsable, pero también pueden hacerlo viendo las cosas que tú no puedes. De hecho, olvídate de un "mentor" por un segundo y piensa en cambio en una "tercera parte". Tal vez es un compañero, o un cónyuge, o simplemente alguien más para rebotar ideas. A menudo nos acercamos tanto a nuestros proyectos que no podemos ver la respuesta obvia que nos mira a la cara. El par de ojos extra de un tercero de confianza podría ser la salsa secreta que abre toda la receta.

Encontrar un mentor es un gran punto de fricción para muchas personas. No saben por qué alguien más avanzado en su carrera perdería su tiempo ayudando a alguien por debajo de ellos. Para ayudarte a romper esa mentalidad, déjame contarte una historia.

Hace poco se me metió en la cabeza que sería un buen director general de un gran hospital porque la humildad es uno de mis mejores rasgos. Aún así, imaginé que un día podría ser el director general de la escuela de medicina de mi alma mater en Galveston.

No sabía lo que se necesitaba para conseguir ese tipo de trabajo o *hacer* ese tipo de trabajo. Necesitaba un mentor que hubiera estado allí, así que llamé a la mujer que fue la predecesora inmediata del actual CEO de la escuela de medicina del UTMB, Galveston. Le pregunté si ella sería mi mentora. Era una posibilidad remota, pero yo era un médico en crecimiento con todo el potencial del mundo. Probablemente era el único tipo con las agallas para hacer una petición tan arriba en la escala. Pero no obtienes *nada* que no pidas.

Ella dijo que no.

Resulta que se había mudado a otro hospital en California y no estaba interesada en asumir una relación de tutoría a distancia con un extraño... lo cual era bastante predecible para alguien que ganaba más de un millón de dólares al año en su último trabajo y probablemente lo superara en su próximo trabajo.

Pero no era irrazonable que yo preguntara, y ella no me hizo sentir estúpido por preguntar. Había todas las posibilidades de que ella dijera: "Sí, Harvey, me encantaría tenerte bajo mi tutela".

Mi tiro a la luna no funcionó, así que estoy iniciando más abajo. Me ofrecí a dar una clase en la UTMB sobre emprendimientos y negocios para médicos, una asignatura que no está bien cubierta. Confío en que mis esfuerzos serán notados por el decano y el presidente de la Facultad de Medicina, y estaré un paso más cerca de mi loca meta de convertirme en CEO de Texas A&M Galveston. Incluso si nunca llego allí, el viaje será divertido.

Tu escalera del éxito estará repleta de potenciales mentores si mantienes los ojos abiertos. Podrían estar escondidos a plena vista, listos para ayudar si solo lo pides.

Tus primeros mentores suelen ser tus padres. Como ya sabes, mi madre fue una brillante mentora para mí... pero no pudo hacerlo todo. Se esforzaba por ayudarme con los deberes, pero no estaba familiarizada con el código de literatura estadounidense que yo debía estudiar; solo podía ayudarme con las matemáticas hasta cierto punto porque las matemáticas se hacían de forma diferente en Sudamérica (los mismos números, pero un enfoque diferente). Sin embargo, lo que le faltaba en cuanto a habilidades de ayuda en el hogar lo compensó creyendo en mí, en el ejemplo que dio, en el estímulo para que yo encontrara mis propias soluciones.

Otros posibles mentores son los maestros y profesores; los jefes; las personas más destacadas en la profesión que se desea alcanzar. Si pides atención extra, encontrarás que a muchos de ellos les *encanta* ayudar a la gente al principio de su viaje. A menudo, alguien *les* ayudó y quieren pagar por ello; su mentor puede incluso haberles *amonestado* para que paguen por ello.

No descuides a los mentores improbables. No tienes que ir por el CEO del hospital como lo hizo un loco. Tal vez quieras ser médico, pero te das cuenta de que los otros médicos están demasiado ocupados (o demasiado orgullosos de sí mismos) para aceptar ser tu mentor. ¿Qué tal un enfermero? Tal vez no quieras ser enfermero, pero la mayoría de los enfermeros son profesionales médicos dedicados y exigentes, con una perspectiva única no solo en el campo de la medicina sino también en la profesión médica.

Recuerda Divertirte

Si quieres consejo sobre la muerte, habla con un oncólogo. Trabajan con pacientes de cáncer todos los días. Es un trabajo emocionalmente exigente, pero gratificante. Si alguna vez has estado cerca de un oncólogo, puede que te dé consejos sobre la muerte que ni *siquiera* querías.

Basta con decir que uno de mis compañeros de clase del MBA es oncólogo. Es tan amigable y alegre como se podría esperar considerando la seriedad de su trabajo. Un día, me miró y me dijo: "Harvey, no quiero que tengas una lista de cosas que hacer antes de morir".

Esa declaración salió de la nada. Además, no tenía ni idea de lo que estaba hablando. Aparentemente, había una película importante que no había visto, protagonizada por Jack Nicholson y Morgan Freeman. En *Antes de Partir*, las otrora famosas estrellas de cine interpretan a viejos locos, uno a un billonario, otro a un mecánico, que reciben diagnósticos terminales. Se unen para usar el tiempo que les queda para marcar cosas de su "lista de cosas por hacer antes de morir", cosas que querían hacer antes de "pasar a la otra vida o estirar la pata".

Su lista de deseos podría incluir actividades como el paracaidismo, un safari africano, un vuelo sobre el Polo Norte, una comida exquisita en Francia, montar en moto en la Gran Muralla China, etc.

Reaccioné fuertemente a la premisa de esta película. ¿Por qué estos dos hombres llegaron a la vejez con una lista tan larga de sueños y distracciones sin cumplir? ¿Qué estaba esperando el multimillonario? ¿Qué tenía que perder el mecánico? Ciertamente, es ficción, pero tienen muchas analogías en el mundo real.

Algunas personas ven el precio de estos sueños y los anulan inmediatamente, no podrían imaginar gastar tanto dinero. Algunas personas no creen que *merezcan* divertirse o vivir sus sueños: que si no están sufriendo constantemente, no pueden estar progresando hacia una meta o haciendo lo correcto por su familia. O establecen puntos de referencia lo suficientemente lejos en el futuro como para estar cómodamente fuera de alcance: "Cuando mis hijos se gradúen", "cuando me jubile" o "cuando gane un millón de dólares".

La verdad es que todas estas cosas podrían ser caras si las hicieras *todos los días*. Pero si hablamos de *una* comida francesa, *un* safari africano, *un* viaje en motocicleta por la Gran Muralla China... ninguna de estas cosas cuesta un millón de dólares. Si las etiquetas de precio hacen que tus ojos se cansen ahora, ciertamente harán que tus ojos se cansen en tu vejez. Lo único que se gana con la espera es la seguridad de que las rodillas te dolerán más en la moto.

Deja a un lado las aspiraciones por un segundo. ¿Hay algún restaurante francés en el que te puedas deleitar en la ciudad en la que vives ahora? ¿Hay vida silvestre para explorar en los alrededores? ¿Lugares donde podrías ir en moto? Los artículos de la lista de deseos son increíbles para verificar... ¿pero qué diversión y emoción te espera a minutos de la puerta de tu casa?

Sea lo que sea lo que te propongas, es difícil concentrarse si *nunca* te diviertes. Las cabezas parlantes tratan el éxito como si fuera un asunto serio, hay que *pulirlo*. No será divertido, pero tu futuro yo te lo agradecerá desde la cubierta de tu yate.

Recuerda, el *viaje* es el punto, no el destino. Puede que se trabaje duro, puede que haya que esforzarse para pasar de un nivel a otro... pero si no existe el entusiasmo de la realización a lo largo del camino, el estímulo de aprender algo fascinante, vale la pena preguntarse: ¿estás en el viaje correcto? Tal vez no has perfeccionado tu *Por Qué* lo suficiente para que el trabajo se convierta en un placer. Tal vez si eligieras un *Qué* diferente, el trabajo sería más agradable.

Sin embargo, "trabajo-trabajo-trabajo" es algo insostenible. Recuerda la película oscura de Jack Nicholson, *El Resplandor*- "Mucho trabajo y nada de juego hace que Jack sea un chico soso". La reinvención del éxito no se trata de privarse a sí mismo. Las personas se privan muy bien cuando están atascadas en fosos de desesperación de los que no saben cómo salir.

La reinvención del éxito no se trata de divertirse en el futuro, sino de construir una vida plena *ahora*, una con una trayectoria ascendente, una constante subida en la escalera de la productividad, pero con muchas paradas en el camino para disfrutar de la vista. Se trata de *convertirse* en el tipo de persona que se divierte *ahora* y llevar a esa persona contigo a un futuro más brillante.

Así que, sí, si había alguna pregunta en tu mente, tienes mi permiso para divertirte mientras ejecutas tu plan de acción. Si los pasos de acción *son* divertidos o al menos te dan la emoción de la realización, *no* lo estás haciendo mal. Disfrutar del viaje significa que lo estás haciendo *bien*.

Cada vez que veo a mis hijos, les digo: "Niños, no quiero que sean médicos o abogados si eso no es lo que quieren hacer". Quiero que hagan lo que sea que los haga felices. Si es la contabilidad, si es ser bailarín, si es ser profesor, quiero saber que lo que sea que elijan, es algo que todavía querrán hacer cuando tengan 80 años. Esa es mi meta para ti. Quiero saber que has encontrado algo de lo que estás tan enamorado que quieres morir haciéndolo y ni siquiera te importa el dinero. Solo lo haces porque lo amas. Quiero que tengas esa pasión. Quiero que disfrutes de la vida".

Vamos a empezar a darle una patada a esa lista de cosas que hay que hacer antes de morir. Anota diez cosas que han estado en tu "lista de cosas que hacer antes de morir", cosas que siempre quisiste hacer, pero que sigues postergando por consideraciones "más importantes":

COSAS QUE HACER ANTES DE MORIR:

1. _____
2. _____
3. _____
4. _____
5. _____
6. _____
7. _____
8. _____
9. _____
10. _____

Ahora pon una estrella junto a *una* de ellas. Este es el elemento que marcarás en tu lista de deseos, y lo harás dentro de los próximos 12 meses. Sin excusas, ni niños, ni trabajo, ni dinero. Una vez que establezcas tu intención, todos los obstáculos pueden ser evitados. El agua encuentra su camino por las cataratas. Haz un plan de éxito por separado, usando todos los pasos de antes -*Por Qué, Qué,* los tres lentes- para lograrlo.

Ahora, haz una lista separada, una "mini lista de cosas que hacer". Para cada elemento de tu lista de deseos, elige una actividad análoga que puedas hacer mucho más fácil y barata: un restaurante local, un parque local, una atracción histórica local, etc. Esta es tu lista de "cosas por hacer" para el año.

LISTA DE COSAS POR HACER:

1. _____
2. _____
3. _____
4. _____
5. _____
6. _____
7. _____
8. _____
9. _____
10. _____

Puntos Clave:

- Tu *Por Qué* te da enfoque, un poder que transforma vidas. Si no puedes concentrarte, encuentra oportunidades para alejarte del ruido. Encuentra mentores que te mantengan enfocado, responsable y en el camino correcto.

- ¡El tiempo está de tu lado! No importa cuánto tiempo te lleve "llegar" porque nunca lo haces. La reinvención del éxito se trata de la persona en la que te convertirás *ahora*. Sigue evolucionando y mejorando, el objetivo es siempre mejorar.

- Convertir lo negativo en positivo. Encuentra un efecto positivo para cada "debilidad" que creas que te retiene.

- ¡Recuerda divertirte! Si tienes una "lista de cosas por hacer antes de morir", empieza a marcarla *ahora*. El éxito no se trata de una gratificación tardía, es una actitud que adoptarás *ahora* que te llevas contigo a un futuro más brillante.

Si la lenta erosión de los obstáculos no suena como tu idea de un buen momento, no temas. Está a punto de convertirse en una fiesta por aquí. Es hora de celebrar.

CAPÍTULO 5:

Celebra tus Triunfos

Soy amigo de un tipo llamado Jim. A primera vista, podría parecer una historia de éxito de un jonrón que sale del estadio. No como un multimillonario de 30 años de Silicon Valley, pero bastante firme en el lado ganador del "Sueño Americano".

Como verán, sin embargo, las cosas no siempre son lo que parecen.

Jim era un atleta estrella en el instituto, fabricado como un dios griego con un brazo lanzador como un cañón. Yo no estaba allí, no había nacido todavía, pero vi fotos, y él era una bestia.

Jim se casó, tuvo hijos, y trabajó duro en un trabajo de nueve a cinco, ahorrando cuidadosamente cada centavo. Cuando tuvo suficiente dinero ahorrado, comenzó un negocio agrícola, específicamente el sector ganadero. Continuó trabajando de 9 a 5, sumando a su plan 401(k) y ampliando su pensión, mientras que poco a poco su negocio de ganado se convirtió en una fuerza a tener en cuenta.

Si esto suena como una carga de trabajo agotadora, tienes razón. Si yo trabajara tantas horas como un médico como él en su rancho de ganado, ya me habría desplomado muerto con cada hueso de mi cuerpo roto. Jim seguía machacando su negocio, a través de lesiones, enfermedades y recuperaciones. Entre su trabajo diario y su negocio, no tenía tiempo ni paciencia para la nutrición. Se volvió obeso. Sus articulaciones se deterioraron. Su cuerpo de atleta estrella comenzó a desmoronarse cuando su brazo lanzador de proyectiles se convirtió en un recuerdo lejano.

A través de todo esto, Jim siguió ahorrando dinero, para un teórico retiro que nunca figuró en ningún calendario. A menudo se quejaba del dinero y del coste de criar a sus hijos mientras intentaba ahorrar para su educación. Al oírle hablar, parecía tan difícil ganar un dólar durante esos tiempos.

Jim tiene ahora 60 años. Que yo sepa, nunca se ha tomado vacaciones. *Todavía* se queja del dinero y del costo de la educación de sus hijos. Sus hijos han crecido, se han graduado y son autosuficientes. Continúa buscando dinero para su jubilación mientras trabaja de 9 a 5 años y hace crecer su negocio de ganado, mientras su cuerpo continúa decayendo y le falla año tras año.

Jim es un multimillonario. No me incumbe, pero creo que necesita desesperadamente una reinvención del éxito.

Celebra tus Triunfos

Sus hijos probablemente heredarán los frutos de su trabajo, lo cual es beneficioso para ellos. Espero que no lo echen todo a perder dentro de unos años, como suele suceder cuando los herederos de un hombre rico tratan de gastar el dinero de sus padres. Algunos niños de este tipo de educación usan su herencia para llenar el agujero negro creado por un padre que parecía valorar más el dinero y el trabajo que sus hijos.

Jim es un hombre bueno y dulce de corazón. Pero trabajó toda su vida para construir un legado y nunca se detuvo para disfrutar. Él es lo que yo llamo "un pobre de alto rendimiento".

Los Pobres con Alto Rendimiento

Una madre soltera con dos trabajos para llegar a fin de mes va a odiar lo que estoy a punto de decir, pero voy a superarlo. Muchos millonarios y personas con altos ingresos están tan quebrados e infelices como ellos.

Cuando veas sus casas, sus trajes, los coches que conducen, cada hueso de tu cuerpo estará tentado a decir "Harvey, esos tipos *no* son pobres. Obviamente son ricos, acomodados, y probablemente mucho más felices que yo".

Lo sé. Lo entiendo. Pero replanteemos la pregunta. Toma dos personas con los mismos ingresos. Uno de ellos tiene hijos, el otro no. Uno de ellos tiene *mucho* más flujo de dinero personal porque el dinero no sale por la ventana en gastos de crianza. ¿Qué padre cariñoso renunciaría a su relación con sus hijos, por *cualquier* cantidad de dinero?

De hecho, los niños son una *fuente* de riqueza casi sin fondo, porque crean un férreo e ineludible *Por Qué*, como lo hizo mi mamá.

Los millonarios son en realidad muy comunes. Están en todas partes. Puede que no los hayas reconocido porque menos de los que crees conducen Porsches y caminan con sonrisas eufóricas las 24 horas del día. Los millonarios son comunes. El éxito es raro.

Necesitamos reformular la idea de riqueza para que sea más que una cantidad de dólares. Algunos ven la riqueza como una función del "tiempo libre" o "libertad". Pienso en ello en términos de *propósito*, una cualidad que puede ser sorprendentemente ausente en mi propia profesión.

Creo que algunos médicos pierden su propósito cuando se enfrentan a la perspectiva de ver pacientes. Veo la medicina como un regalo y un talento que se nos da para ayudar a los demás. Todos hicimos un juramento de servir. Algunos médicos pierden de vista eso.

Así es como se cae en la pobreza en la profesión médica, una de las profesiones mejor pagadas de América. De hecho, el anillo de bronce de ese sueldo es la ruina de muchos médicos.

Un chico trabaja duro en el instituto porque quiere ser médico. Tal vez sus padres lo presionan para que lo haga. Tal vez le gusta la idea del gran cheque y la seguridad financiera. Tal vez realmente quiere ayudar a la gente y tener una profesión útil.

El trabajo vale la pena. El chico entra en un prestigioso programa de pre-medicina y procede a ser cortado en las rodillas por la química orgánica. Aprobar los cursos de pre-requisitos casi lo mata. Por su recompensa, va a la escuela de medicina, que está a solo un gran sombrero redondo de distancia del entrenamiento básico militar en términos de factor de perseverancia.

El proceso de educación para un médico es un agotador 8-10 años, seguido de años de residencia con una paga relativamente baja. Cuando el médico recién formado llega a su anillo de bronce y a su gran sueldo, está agotado y traumatizado. Piensa que se merece cosas bonitas, así que compra una casa de un millón de dólares, un barco, un coche que cuesta seis cifras, arte y muebles caros. Si uno de sus colegas consigue una casa más grande o un coche más grande, está tentado a mejorar, solo para mantenerse al día con el Dr. Joneses.

Por la noche, después del laborioso proceso de acostar a sus hijos, se sienta en su escritorio en el dormitorio principal del palacio, un escritorio lleno de facturas. El pago del barco, la hipoteca, el pago del auto, las cuentas de la tarjeta de crédito... este doctor de seis cifras se queda tirándose del pelo a fin de mes, como la madre soltera que tiene dos trabajos, pensando, "¿Cómo voy a llegar a fin de mes?"

¿Cómo le pasa esto a la gente inteligente y talentosa que enhebra la aguja y gana mucho dinero? Un *insuficiente Por Qué*. Trabajan como burros con un enfoque similar al láser en el *Qué* hasta que se convierte en un calvario, un duro camino hacia la meta. Como mi pobre amigo Jim, nunca se detuvieron a disfrutar de la vida o a tomar vacaciones.

Cuando llegue la Navidad, te deseo suerte para encontrarme, a menos que estés dispuesto a recorrer las playas de Brasil. (Hazlo. Te lo recomiendo.) *Quiero* ir en febrero y marzo cuando el país cobre vida para el *carnaval*. Tiendo a convencerme a mí mismo de no hacerlo. Siento que no puedo quitarle tiempo a cualquier proceso de negocios que tenga en marcha. Ni siquiera *yo* me detengo a disfrutar de la vida.

Entiendo a lo que estoy renunciando y decido recompensarme de otras maneras. Me propongo hacer algo cada día por *mí*, y disfrutar de mi vida mientras aún tengo mi salud.

¿Recuerdas a mi amigo oncólogo que te sugirió que nunca tuvieras una lista de cosas que hacer? ¿Cómo crees que llegó a esa actitud? La edad media de un diagnóstico de cáncer es 66, lo que significa que la mitad de sus pacientes son más jóvenes. Muchos de ellos son personas de mediana edad que posponen su placer y se ponen a trabajar como hormigas en preparación para algún pago llamado retiro.

Imaginen el tirón de orejas de un diagnóstico de cáncer en ese plan. Han pasado años corriendo como hámsteres en una rueda, siempre pensando que habría tiempo para vivir sus sueños... solo para descubrir que el tiempo es mucho más corto de lo que pensaban.

¿Cómo evitar el destino de los pacientes de cáncer o de los pobres de alto rendimiento? Cultivando un hábito de celebración.

En el ejemplo de Jim o el estudiante de medicina, ¿qué pasaría si tuvieran una pequeña fiesta cada vez que pasaran química orgánica o obtuvieran un primer beneficio? No tiene que ser un viaje a Brasil. ¿Qué tal si te das un gusto con tu comida favorita, comida chatarra, o una noche en la ciudad o incluso un pequeño auto-abrazo en la espalda?

Cada vez que mi pareja y yo tenemos un pequeño logro, compartimos un pequeño golpe de puño. A veces es un choque de manos, pero un choque de puños es donde estamos ahora. Somos agresivos al decir, "Buen trabajo", "Así se hace", "¡Felicidades!" Una nueva contratación, un aumento de los ingresos, un capítulo terminado en este libro... ningún logro es demasiado pequeño para celebrarlo.

Esto no es una indulgencia, es en realidad un imperativo. Sin celebrar los logros a lo largo del camino, es fácil perder la pista de tu *Por Qué* en busca de tu *Qué*. Te acostumbras a decir: "Bueno, ese fue un paso hacia mi objetivo final, pero todavía tengo un *laaaargo* camino por recorrer".

¿Dónde está la diversión en eso? ¡Así que dejemos de sacrificarnos y celebremos!

El Problema de la Gratificación Instantánea

Internet, los medios sociales y la economía global han sido beneficiosos en muchos sentidos, pero tienen sus inconvenientes. La mayor espada de doble filo que hemos sacado de la piedra tecnológica es la *gratificación instantánea*.

Desde Uber a Uber Eats, todo lo que queremos llega a nuestra puerta. ¿Quieres un nuevo garabato pero no quieres perder el tiempo en la tienda? Amazon Prime al rescate. Olvídate de esperar a tu programa favorito, toda la temporada se reduce para que puedas ver el espectáculo. Incluso puedes pagar extra para ver películas en la pantalla de tu computadora antes de que salgan del cine. ¿Necesitas saber qué tan altas son las Cataratas del Iguazú? Está a solo una búsqueda en Google. Internet es un *motor de gratificación instantánea*.

Entonces, ¿cuál es el inconveniente de esta asombrosa revolución tecnológica? Perdemos la capacidad de apreciar el viaje. Queremos estar allí *ahora*.

Amazon Prime, Netflix, y Uber Eats eliminan los procesos que solían definir la vida cotidiana. Puedes argumentar que esto fue una pérdida de tiempo, y podrías tener razón. Pero definitivamente han socavado el hábito de la autocomplacencia. ¿Celebrar cuando encuentras la cafetera perfecta en Target? No es lo mismo cuando la compras en Amazon.

Lo he dicho antes, un millón de personas lo dicen, pero digámoslo de nuevo: ¡la alegría está en el viaje, no en el destino! Ya lo sé. Sé que *quieres quieres quieres* ese destino con todo tu corazón. Pero la difícil situación de un millón de pacientes de cáncer y los pobres de alto rendimiento sugieren lo contrario. *Tienes* que disfrutar ahora.

Te reto a que hagas algo por ti mismo, aunque sea por un minuto. Mira el siguiente atardecer o amanecer. Crea un momento especial con tu familia. La clave es que solo *tú* sabes cuál es esa acción, lo haces por ti y por nadie más. Asegúrate de hacerlo cada día.

Cuando no nos divertimos, dejamos un hueco para que el motor de gratificación instantánea satisfaga incluso eso: nuestra necesidad de entretenimiento, de distracción, de significado. Satisfacemos las necesidades humanas básicas de estimulación con los gustos de Facebook y los programas de televisión.

En realidad hay una economía en auge en su atención. Aplicaciones adictivas como Instagram y YouTube están compitiendo entre sí por tu *atención*, por el tiempo frente a tus ojos. Luego pueden vender esa atención en forma de dólares de publicidad. El nuevo software de inteligencia artificial y automatización les permite monetizar tu atención de maneras que nunca pensaste que fuera posible. ¿De qué otra manera crees que los anuncios de los productos que casualmente buscaste en Amazon terminan en tu feed de Facebook?

Cuando hablamos de riqueza, a menudo enfocamos la conversación en el dinero, pero el *tiempo* es el activo más valioso del mundo. Ningún recurso es tan finito para una vida humana como el tiempo. Aprende a celebrar los pequeños pasos de un gran viaje, y empezarás a recuperar este invaluable recurso de tiempo de los comerciantes de atención y empezarás a enfocarlo donde pertenece: en tu reinvención del éxito.

Los Beneficios de la Celebración

Si crees que celebrar tus victorias es autocomplaciente y sin sentido, no podrías estar más equivocado. Celebrar tus victorias es realmente estratégico. Te da una serie de ventajas en el mundo de los negocios, así como en tu vida personal.

Beneficios Psicológicos

La celebración es un instinto antiguo. Las pruebas arqueológicas sugieren que los antiguos humanos celebraban todo, desde una buena caza a una buena cosecha, el cambio de las estaciones, los nacimientos, las bodas, los tratados, la mayoría de edad y todo tipo de hitos. La celebración está en nuestra sangre, literalmente. Es un proceso fisiológico profundamente arraigado, íntimamente ligado a la química del cerebro.

Cuando celebras, el cerebro inunda tu cuerpo con endorfinas, sustancias químicas mágicas que te hacen sentir bien y que en realidad simulan los efectos de la heroína o la codeína, así como el efecto de un ejercicio vigoroso, un abrazo, comer chocolate o enamorarse. Las endorfinas reducen el estrés y disminuyen la susceptibilidad al dolor. Producen una sensación de euforia y bienestar.

El subidón de endorfinas producido por la celebración es adictivo, pero a diferencia de la heroína y la codeína, no produce rendimientos decrecientes. Cuanto más se celebra, mayor es la subida de endorfinas. Esto crea un circuito de retroalimentación positiva que te anima a buscar más y más subidas de endorfina.

En otras palabras, si experimentas los beneficios positivos de celebrar tus logros, comenzarás a buscar más y más logros para celebrar, y los "subidones" que obtienes de las celebraciones se harán más y más grandes.

Beneficios de la Formación de Equipos

Nada construye la lealtad y el espíritu de equipo como las celebraciones. Por eso los equipos deportivos tienen animadoras.

Celebrar incluso los pequeños logros ayuda al vínculo del equipo. Si nadie recibe elogios por su buen trabajo, los equipos empiezan a tener una visión de túnel. Todo lo que los miembros pueden ver es lo que es bueno para ellos, no lo que es bueno para el equipo.

En mis negocios, incluso el más pequeño logro es motivo de celebración. Como resultado, todo el mundo tiene ganas de trabajar. Están enganchados a los elogios y no quieren decepcionar al equipo.

Beneficios Energéticos

Hemos hablado del poder de la positividad en capítulos anteriores. La celebración es una de las expresiones más puras de la positividad. Si tienes un problema de pesimismo, aprender a celebrar y rodearte de gente que lo haga es una de las mejores maneras de romper ese hechizo.

El éxito atrae más éxito. Los efectos adictivos y de creación de equipos de la celebración toman una especie de gravedad que atrae más y más éxito para ti.

¿Cómo Vas a Celebrar?

Esperemos que te convenza la idea de celebrar tus logros, así que seamos específicos. Piensa en varios rituales de celebración que te regalarás a ti mismo cuando tengas algo que celebrar. No importa cuán pequeña sea la celebración, pero puedes calibrar el tamaño de la misma.

¿Un logro pequeño? Date un gusto con tu helado favorito. ¿Más grande? Ir a cenar a tu restaurante favorito, etc. Podría ser cualquier cosa, una salida con tu familia, un nuevo juguete, una donación caritativa... lo que te ponga de humor para celebrar. Piensa en las cosas de las que normalmente te privas, guárdalas para más tarde, o piensa que es demasiado indulgente. Ponlo todo en la mezcla. Piensa en el día a día que te gustaría vivir, y construye bombas de placer para marcar las grandes ocasiones.

Cuando tenga algo que celebrar, me daré el gusto de...

1. _____
2. _____
3. _____
4. _____
5. _____
6. _____
7. _____
8. _____
9. _____
10. _____

Celebra tus Triunfos

Algo que haré por mí mismo cada día, algo que me haga sonreír...

1. _____
2. _____
3. _____
4. _____
5. _____
6. _____
7. _____
8. _____
9. _____
10. _____

Por Qué la Gente No Se Felicita a Sí Misma

A pesar de los beneficios obvios, y el hecho de que es más divertido estar en un desfile que en un cortejo fúnebre, la mayoría de la gente no se toma el tiempo para celebrar. Se centran en todo lo que está mal en su vida - el coche que *no* tienen, la casa que *no* tienen, el trabajo que *no* tienen, el título que *no* tienen... lo difícil que es hacer malabarismos con el trabajo, la familia, los recados y el sueño. Pueden tener metas, pero todo lo que pueden pensar es en lo lejos que están esas metas.

¿Por qué harían esto, cuando es tan obviamente beneficioso celebrar en lugar de llorar? Dos razones principales...

No Tengo Tiempo

Esto es especialmente común entre las madres solteras, o las personas que tienen múltiples trabajos. Para ellas, el tiempo de celebración es tiempo que no tienen que desperdiciar entre las colectas y las entregas, los viajes, los deberes, con una preciosa hora disponible aquí y allá para dormir.

El problema con este tipo de actitud "hacer-hacer-hacer" es que es insostenible. No *puedes* comprometerte con ese tipo de trabajo a largo plazo sin una celebración incorporada. Recuerda, la celebración reduce el estrés, que es físicamente duro para tu cuerpo. Podría causar que tu salud se colapse. ¿Cuánto tiempo tendrás entonces?

¿Crees que *celebro* mis éxitos porque estoy nadando en mi tiempo libre? Soy un padre soltero y el fundador de varias empresas, haciendo malabares con la familia, el trabajo, la escuela y todas mis metas personales. Todavía me esfuerzo cada día por apreciar cada parte de mi vida. Me aseguro de hacer algo por mí. Algunos días, podría estar llamando a mis hijos y diciéndoles lo mucho que significan para mí. Otros días, puede ser ver el atardecer y agradecerle al Señor por mi vida.

Recuerda, la celebración no tiene que detener al mundo, o incluso representar más que la más mínima pausa en tu día. ¿Cuánto tiempo toma felicitar con un abrazo o un apreton de manos? ¿Para poner una canción favorita o un podcast en lugar de las noticias? ¿No tienes cinco minutos para dar un paseo al aire libre? ¿Qué tal tres minutos? ¿Dos minutos? ¿Un minuto?

Aquí hay algunas ideas más para celebraciones *rápidas*. Haz un círculo o pon una estrella al lado de las que te gustarían:

- Date el gusto de comer un postre o un dulce, aunque solo sea un sabroso osito de goma.
- Date el gusto de tomar un vaso extra de vino a la hora de dormir.
- Enciende una vela.
- Rodéate de un aroma agradable.
- Envía un mensaje de texto a un amigo cercano o a un miembro de la familia ¡y deja que lo celebren contigo!
- Medita durante unos minutos.
- Aparecer en una fiesta ruidosa. Suena tonto, pero recuerda que no se trata de algo práctico. Se trata de aumentar las endorfinas, y los muchos beneficios positivos de hacerlo.
- Ayuda a un amigo o a un extraño y no le digas a nadie más que lo hiciste.

- Toma a alguien bajo tu ala y ayúdalo.

- Llama a un familiar y fortalece tu relación.

- Recuerda, dar a los demás es otra forma de celebrar. Dar a los demás es una gran manera de celebrar mis hitos. De hecho, dar puede mejorar tu salud mental y física al bajar la presión arterial y reducir el estrés. Haces que la experiencia sea un "subidón de ayuda" per se con una liberación de endorfinas. Los beneficios son infinitos.

No Me Lo Merezco

En realidad este es más grande. La gente se detiene en sus errores pasados -abandonar la escuela, comprometerse con una relación que se desmoronó, una aventura de negocios que fracasó, un embarazo no planeado, una mala relación con los padres, incluso historias de abuso- y lo traducen en un sentimiento muy arraigado que no *merecen* celebrar. Celebrarán cuando sean mejores personas... en otras palabras, cuando logren su objetivo.

El problema es que las personas que piensan que no merecen celebrar tienden a seguir moviendo los postes de la meta. ¿El logro es entrar en la escuela? Lo celebrarás cuando te gradúes. ¿Acabas de graduarte? Celebrarás cuando consigas el trabajo para el que te has entrenado. ¿Conseguiste el trabajo? Lo celebrarás cuando te asciendan.

¿Ves cómo funciona esto? La celebración nunca ocurre porque estás siendo demasiado duro contigo mismo. Es bueno ser motivado y tener ambición, pero para tener éxito, tienes que sentir que *mereces* tener éxito. De lo contrario, existe el riesgo de que te autosabotees justo en el precipicio de tus objetivos.

Celebra tus Triunfos

Si no crees que mereces celebrarlo, tómate el tiempo de cavar hondo y descubrir la razón. Ojalá pudiera ser Robin Williams en *En Busca del Destino* y abrazarlos a todos y decirles "No es tu culpa" mientras me maldicen. De hecho, las primeras veces que celebres tus victorias, puede que no se sienta como una celebración. Podrías terminar sintiéndote como Will en esa escena, peleando contigo mismo mientras te resistes al permiso de celebrar. Cuando finalmente te permitas celebrar, podrías incluso romper en lágrimas.

Eso es algo *bueno*. Es una señal de que te estás dejando llevar. Lo que sea que te esté impidiendo celebrar, puedes encontrar una manera de dejarlo ir. Solo sigue celebrando, incluso si se siente extraño y antinatural. No escuches la voz en tu cabeza diciéndote que no te lo mereces.

Celebrar la victoria no tiene por qué ser un ejercicio solipsista de "¡Soy genial! ¡Bien por mí! ¡Mira lo genial que soy y todas las cosas geniales que me pasan!" Si has tenido un duro trabajo durante un tiempo y necesitas una reinvención exitosa, probablemente no estés ahí todavía... y nunca tendrás que estarlo. Deja ese tipo de celebración egocéntrica para mí.

Intentemos una forma diferente de celebrar, más humilde y amigable para los principiantes:

"No sé por qué ocurrió esta bendición, pero está aquí, y estoy agradecido".

No tienes que merecer bendiciones para aceptarlas. Piensa en otras bendiciones que tal vez no te hayas "ganado" del todo. Puede que hayas nacido en un país libre, tengas un cuerpo sano, tengas un hijo que parezca una persona mucho mejor que tú a veces. No tenías que ganarte *ninguna* de estas cosas, pero son bendiciones de todas formas.

La Zona Gris

Cuando pienso en mi tendencia a celebrar, pienso en términos de "estaciones". Mis celebraciones son de temporada.

Si paso una semana en Brasil o me tomo un sabático más largo después del lanzamiento de un producto o negocio (o la finalización de un libro), obviamente es una temporada de celebración. Tengo temporadas de celebración más pequeñas, como una comida sabrosa, un paseo al aire libre, un atracón de Netflix. Sí, al Dr. Harvey Castro le encanta un buen atracón de Netflix. ¿Has notado cómo los podcasters de auto-mejora hablan de cómo tienes que apagar Netflix, pero extrañamente conocen cada detalle y punto de la trama de cada programa?

Entonces, ¿cuál es la diferencia entre mi atracón de Netflix y el de otra persona? Me comprometo a ello. Para mí, es una temporada de celebración y estoy totalmente en reposo.

Cuando es el momento de trabajar, construyendo una sala de emergencias, diseñando una aplicación, escribiendo un libro, estoy en "Modo de trabajo". "Modo productivo". Diablos, estoy en "Modo de Ataque", listo para ir tras mi *Qué* con mi *Por Qué* como guía.

Pero si quiero alcanzar a *Ozark*, estoy ahí, comprometido a alcanzar a *Ozark*.

Cuando no tienes tu temporada de productividad y tu temporada de celebración, tiendes a terminar en la "Zona Gris". En la Zona Gris, no estás en "Modo de Ataque" o "Modo de Celebración". Estás en un lugar insípido en el que no te has

Celebra tus Triunfos

comprometido a actuar porque es duro, pero no te has comprometido a celebrar porque te avergüenzas... y lo único que queda por hacer es pasar el tiempo viendo Netflix. Este es un atracón muy diferente.

Aprender a aceptar y practicar la celebración te mantiene fuera de esa Zona Gris. Cuando estás en Modo Productivo, estás en él. Cuando estás en Modo Celebración, estás en él.

¿No estás emocionado? Finalmente, un libro de desarrollo personal que te dice que está bien atracarse de Netflix de vez en cuando

Cómo Aprender a Celebrar

Como puedes ver, no solo es importante celebrar, sino que puede ser necesario que *aprendas* a celebrar o que *aceptes* tu responsabilidad de hacerlo. No es algo natural para todo el mundo, especialmente si has pasado un largo período de tiempo en un estado de alto estrés. Si estás a la defensiva, preparado para un desastre a la vuelta de cada esquina, es difícil celebrarlo.

La parte loca es que aprender a celebrar es un componente clave para difundir ese estrés. Entonces, ¿cómo empiezas a hacer que la celebración de tus victorias sea una práctica común?

Trabaja Tus Lentes

Cuando estás aprendiendo a celebrar, ayuda saber *qué* celebrar. ¿Recuerdas ese ejercicio en el que dividiste tus objetivos en lentes? ¿Ángulo ancho, medio y cercano?

Cada paso de acción en tu lista de "primer plano" es una ocasión para celebrar. Tus pasos de acción y objetivos de "medio" y "gran angular" son definitivamente razones para celebrar también, probablemente una celebración más grande, pero estamos construyendo un hábito en trozos manejables. Si quieres prepararte para una gran celebración, empieza con pequeñas celebraciones y crece a partir de ahí.

Vuelve a tu ejercicio de lentes del capítulo anterior y asigna a cada hito de cada categoría de lentes una celebración. Podrían deleitarse con un postre rico para una victoria cercana; una cena elegante para una victoria media; unas vacaciones épicas para una victoria de gran angular.

Estas no son "ideas" y ciertamente no son "indulgencias". Son *asignaciones*. Aunque no sientas que mereces estas celebraciones, aunque no sientas que tienes el tiempo o el dinero para dedicarles, hazlas de todas formas. Son marcadores críticos de la reinvención de tu éxito, una señal de lo lejos que has llegado para que no te inunde la sensación de lo lejos que aún tienes que llegar.

Haz Cosas Por Ti Mismo

No puedo enfatizar esto lo suficiente, este no es un libro sobre la autoprivación al servicio de un millón de dólares en la jubilación. Este no es un libro acerca de embarcarse en un trabajo agotador para nivelar su carrera.

Es un libro sobre reinventarse a sí mismo como una persona exitosa. Eso comienza *ahora*. Tu reinvención de éxito no es una meta para el futuro, sino un proyecto en curso en el presente. Eso significa que todo el éxito que tu ya has encontrado será algo que necesitas dejar en una escala menor *ahora mismo*. Y no me refiero solo a la sonrisa... me refiero al disfrute.

No tengo problemas en hacer las cosas por mí mismo. De hecho, todos los días hago un balance: "¿Qué hice hoy por Harvey?" ¿Un

Celebra tus Triunfos

buen paseo? ¿Un poco de ejercicio? ¿Una comida extra especial? ¿Llamé a un amigo o a un ser querido? ¿Practiqué la amabilidad con los extraños? ¿Ver un programa de televisión favorito con los pies en alto? Pasé otro día productivo... ¿cuál es mi recompensa?

Esta es la receta del Dr. Harvey Castro para que seas bueno contigo mismo y devuelvas a los demás. Es una receta del doctor.

Haz una pausa ahora mismo y haz una lista. ¿Qué son siete cosas que podrías hacer, una cada día de la semana, para ser bueno contigo mismo, como una pequeña celebración privada de estar vivo?

Mis celebraciones diarias personales...

1. _____
2. _____
3. _____
4. _____
5. _____
6. _____
7. _____
8. _____
9. _____
10. _____

Practica la Gratitud

Ahora volvamos a nuestro nuevo modelo de celebración, el que nos ayuda a superar la idea de que no "merecemos" celebrar:

"No sé por qué ocurrió esta bendición, pero está aquí, y estoy agradecido".

La gratitud es el componente más importante de esta declaración. Si practicas la gratitud, no solo se hace mucho más fácil de celebrar, sino que se hace más fácil de celebrar cuando parece que no hay *nada* que celebrar. Cuando los tiempos se ponen difíciles, es cuando *más* hay que celebrar para mantener el hábito vivo, para mantener la gravedad en ese núcleo de positividad para seguir atrayendo el éxito hacia uno mismo.

¿Recuerdas a Jim? Nunca se molestó en practicar la gratitud. Como resultado, se hizo multimillonario, nunca tomó vacaciones y nunca dejó de quejarse del dinero.

Mi madre, por otro lado, era una fuente de gratitud. Estaba agradecida de haber nacido, de haber emigrado a los Estados Unidos, de haberme dado a luz y de haberme salvado de mi padre. Estaba agradecido por todos los logros de mi vida, desde graduarme con honores hasta convertirme en un doctor y fundar empresas; y estaba agradecida por cada uno de sus propios logros, avanzando en su educación, embarcándose en una nueva carrera, avanzando en esa carrera contra todos los pronósticos.

La gratitud es la razón por la que no funciona medir la riqueza en millones de dólares. Siempre habrá alguien con un millón de dólares más. Sin gratitud, estarás resentido con las personas que están incluso *un* escalón más alto que tú en la escala de productividad, y no podrás apreciar lo alto que has llegado. Desperdiciarás tanta energía odiándolos, que ni siquiera se te ocurrirá perseguirlos como mentor, uno de los activos más valiosos para impulsarte hacia arriba.

La gratitud es un antídoto contra el sentimiento de que no "mereces" celebrar por un sentido de humildad fuera de lugar. Cuando lo piensas, la ingratitud no es un signo de humildad. En realidad es una especie de *arrogancia*. Al no estar agradecido por lo que tienes, traicionas un sentimiento interno de que *crees* que deberías tener más. Que esperabas más de Dios y del universo, y no te pagaron.

Practicando la gratitud, desterrará esta ignorancia, así como cualquier resentimiento por aquellos que "lo han hecho mejor" que tú y podrían ser tus mentores y un día tus compañeros.

Ya sea a primera hora de la mañana o a última hora antes de ir a la cama, en tu meditación, tus oraciones o tu diario, haz una lista de las cosas por las que estás agradecido. Nada es demasiado pequeño: tu salud, tus hijos, el techo sobre tu cabeza, la cama en la que duermes.

Mis compañeros y yo practicamos lo que predicamos en nuestros hospitales. Los pacientes a menudo agradecen a los profesionales médicos profusamente: "¡Gracias, doctor, por salvarme la vida!" Mis hospitales tienen programas de desarrollo profesional en los que enseñamos a nuestros médicos y enfermeras a dar las *gracias a los pacientes*... "Gracias por elegirnos como sus guardianes, confiándonos su salud y sus vidas. Estamos agradecidos por la oportunidad de servirles".

Jim lo pasó mal con la gratitud porque pasó mucho tiempo en la ansiedad y el pánico. "¿Y si no puedo mantener a mis hijos?" "¿Y si mi negocio fracasa?" "¿Y si me retiro en la pobreza?" Estos demonios lo persiguieron como esclavistas.

Siento muchos de los mismos temores sobre mi capacidad de proveer a mis hijos, mi futuro financiero, etc. Tomo grandes riesgos de negocios. ¿Cuál de ellos falla y me aniquila?

Uno de los superpoderes que la gratitud te da es la capacidad de ser feliz con lo que tienes, y una sensación de paz en caso de que te lo quiten. Mi gratitud por las bendiciones en mi vida me ayuda a entender que aunque me tropiece, aunque lo pierda *todo*, Dios me cubre las espaldas y al final todo estará bien. ¿Quién sabe? Tal vez el plan más grande era levantarse, luego caer, y aprender a estar agradecido por el proceso y las lecciones. La gratitud puede ayudarte a ver diferentes perspectivas de la vida.

Esta es otra cosa que una madre soltera con dos trabajos puede encontrar límite, insoportable de escuchar. Podría haber perdido un matrimonio o un gran amor, trabajos, casas, coches... ¿cómo podría pararme aquí y decirte que podrías perderlo todo y que todo estaría bien? ¿Qué más tienes que perder, y cómo podría estar todo bien?

En sus memorias *"El hombre en busca de sentido"*, Viktor Frankl describe, con detalles desgarradores, su terrible experiencia en los campos de concentración nazis, despojado de su riqueza y de su estatus de médico, su familia asesinada, sometida a torturas y trabajos forzados y a privaciones y un sistema cruel que enfrentaba a prisioneros contra prisioneros. Ante tal horror, que no pudo evitar, descubrió que incluso después de perder todo lo que le quedaba, le quedaba una cosa: su actitud ante sus circunstancias. El Dr. Frankl descubrió en las profundidades de la desesperación que aún es posible agradecer a Dios por sus pequeñas bendiciones. Vio cómo la gratitud daba a algunos compañeros de prisión la fuerza para soportar; la falta de gratitud consumió a otros compañeros de prisión hasta que el campo los destruyó.

Puede ser difícil imaginar estar agradecido ante la pérdida de todo, pero el ejemplo del Dr. Frankl pone fin a estas objeciones.

Esto probablemente dice algo sobre mis prioridades, pero la parte más angustiosa de la historia del Dr. Frankl fue cómo perdió su estatus de médico. La profesión médica es una identidad poderosa. A los médicos nos encanta el hecho de ser médicos. Olvídate de la jubilación, verás a los médicos seguir ejerciendo hasta los 70 u 80 años si nos dejan.

En 2015 la AMA comenzó a promulgar pruebas de competencia para clasificar a los médicos enfermos que ya no eran aptos para ejercer. Esto probablemente salvará vidas, pero me asusta. La idea de perder el "Dr". delante de mi nombre, por muy aterrador que sea, me recuerda que me definen por quién soy y no por las iniciales después de mi nombre. Mi objetivo desde la infancia ha sido servir a los demás. Si pierdo mis iniciales después de mi nombre, mi objetivo seguirá siendo servir. Mi servicio puede tomar una forma diferente, pero continuará porque este *Por Qué* está blindado. En lugar de ayudar a los demás como el Dr. Harvey Castro, tendrá que ser ayudando a los demás como Harvey Castro.

Pero practico la gratitud todos los días. Vivo en una casa modesta, en parte para no convertirme en "pobre de alto rendimiento", en parte porque vengo de la nada y me siento muy orgulloso, pero en parte porque no quiero desaparecer por el camino de la envidia y perder mi sentido de la gratitud.

Por muy duro que sea perder mi título de doctor un día, no pueden quitarme la educación y los conocimientos adquiridos en la formación para ser doctor. Cuando obtenga mi MBA, algún día podrían quitarme el título, pero no las lecciones que aprendí al obtenerlo. No pueden destruir mi capacidad de ser un mentor, construir un negocio o agradecer a Dios por las personas que ya he alcanzado.

Incluso si ya no fuera el "Dr. Harvey Castro", hay un "Harvey Castro" que va más profundo que eso, que puede volver a subir la escalera desde cualquier caída y celebrar cada peldaño.

EJERCICIO: Cuenta tus bendiciones. ¿De qué estás agradecido ahora mismo? No importa lo pequeño que sea. ¿Por qué bendiciones en tu vida puedes practicar la gratitud? (Gracias por tomarte el tiempo de leer este libro, y gracias por ayudar a otros a lo largo del camino).

1. _____
2. _____
3. _____
4. _____
5. _____
6. _____

Celebra tus Triunfos

7. _____

8. _____

9. _____

10. _____

Puntos Clave:

- Si no celebras tus éxitos, es posible hacer mucho dinero y aún así tener una mentalidad "empobrecida".

- La celebración tiene importantes beneficios psicológicos, de formación de equipos y energéticos.

- Con una mentalidad de celebración, puedes volver de casi cualquier fracaso, así que no hay necesidad de temer a la acción.

- Haz algo por ti mismo *cada día* como una celebración privada, y celebra a lo grande *cada año*. Comprométete con tu celebración, y no será una pérdida de tiempo. Es una parte esencial de tu reinvención del éxito.

Tienes todas las herramientas ahora - tu *Por Qué*, tu *Qué*, un *plan*, el *enfoque*, y la receta para celebrar a lo largo del camino. Es hora de tomar esas herramientas y reinventarte a ti mismo.

CAPÍTULO 6:

Reinvéntate

Ya sabes lo de los libros de texto de la universidad y yo, pero mi primer trabajo, cuando tenía ocho años, fue como repartidor de periódicos. Hice dinero entregando el *New York Times* a los suscriptores. No estaba mal. Como mencioné, éramos indigentes y estaba feliz de poder contribuir de cualquier manera a nuestras finanzas. Aprendí el valor de mantener un presupuesto. A propósito le decía a mi madre que no necesitaba nada para mantener nuestro presupuesto bajo. También aprendí una importante lección a esa edad: la diferencia entre tener un trabajo y dirigir un negocio.

El *New York Times* gana dinero de sus anunciantes y suscriptores. Pagaron a chicos como yo con monedas como un método barato de distribución. Pero los niños son notoriamente poco confiables. No era que desapareciéramos, tanto como que pudiéramos perder o dañar los periódicos. Así que nos dieron más papeles de los que necesitábamos distribuir, solo para asegurarse de que no se agotaran antes de entregarlos a todos en nuestra ruta. También querían que regaláramos periódicos a cualquier posible nuevo suscriptor.

Yo era un chico concienzudo y nunca perdí los periódicos, así que siempre tenía un montón de copias sobrantes del *Times* al final de mi ruta. Un *montón* de ellos. Lo que es más, no tenía ninguna obligación de devolver esos periódicos a la oficina. (Cualquiera del *Times* que lea esto – lo siento).

Había visto a mi madre intentar hacer negocios en la calle. La había visto tener éxito a veces, pero ser superada muchas otras veces. Me preguntaba cómo el dueño de la tiendita de la calle siempre parecía cumplir con todos los tratos, mientras mi madre luchaba. Pasé horas reflexionando sobre la idea de los negocios antes de llegar a la escuela secundaria.

Con estos periódicos extra, me di cuenta de que tenía un activo. En cierto sentido, no había tenido que pagar por ese activo, de hecho, incluso me *pagaron* por reclamarlo. En otro sentido, sin embargo, había comprometido mi tiempo para ser un engranaje en la máquina del *Times*, y pagué por ese activo con mi tiempo... tiempo por el que también me pagaron.

Para resumir, podría haber tirado esos papeles extra a la basura y salir a jugar. En cambio, decidí aprovechar ese activo. Invertí más de mi tiempo en algo por lo que nadie me estaba pagando. El *Times* se vendía por 50 centavos en el mostrador. Me paré afuera de los torniquetes del metro y vendí mis copias sobrantes por cuarenta centavos cada una. Me embolsé varios dólares extra con cada turno.

¿Cuánto tiempo me llevó liquidar mis extras? Dependía, pero siempre terminaba con varios dólares extra cruciales.

Probablemente estaba violando algunas leyes o términos de mi empleo, pero nunca me atraparon, ni eso ni un chico rudimentario nunca apareció en su radar. Trabajas con lo que tienes. Irónicamente, no permitiría que mis hijos hicieran esto. Mirando atrás, esto era muy peligroso y debería haber pensado en venderlos de otra manera. Pero al menos aprendí a pensar mucho más allá y a ver el mundo de manera diferente.

Décadas más tarde, era un médico en proceso de apertura y posteriormente administrador de Trusted, pero me sentí atascado. Tenía toda esa inteligencia callejera, que había surgido de la nada, vi a mi madre hacer el esfuerzo y aprendí a hacer el esfuerzo yo mismo. Tenía un gran instinto... pero no se trataba de vender los papeles que sobraban en el metro o de buscar errores tipográficos en los libros de texto. El trabajo, la vida de la gente y el sustento, dependían de que yo dirigiera el negocio correctamente. Me las había arreglado con la sabiduría de la calle, pero de repente mi falta de inteligencia en los libros se hizo evidente.

Así que a los 40 años, en la flor de la vida de mi carrera, decidí volver a la escuela y obtener un MBA en un curso de estudio adaptado a los administradores médicos. Todavía estoy trabajando en ello en el momento de escribir esto, y déjenme decirles que es *intenso*. Me asignaron dos meses de lectura antes de que empezara el curso intensivo de 12 meses. Las clases obligatorias de conferencia virtual se realizan todos los sábados, y en la semana intermedia, hay módulos del curso en línea que deben completarse. Estos módulos no son pequeños, ni tampoco lo contrario de "denso". Había proyectos individuales que entregar; había proyectos de grupo que entregar. Una vez al trimestre, mis compañeros y yo viajábamos al campus principal de Tennessee para pasar clases de doce horas de la mañana a la noche durante ocho días, todo ello mientras se equilibraban las obligaciones laborales y familiares. Es estresante. Para algunos, los títulos son solo letras. Lo veo como una inversión en mi futuro. Veo esto como una oportunidad para entender mejor el mundo de las finanzas.

Mi eventual grado - "M", "B", "A" - representa una comprensión más profunda de la vida. **M**ente, **B**ienestar del cuerpo y **A**ctitud. Abro mi mente para aprender nuevas formas de pensar. Me tomo el tiempo para trabajar en mi cuerpo y mi salud. Mantengo una actitud humilde, confiado en que las cosas que estoy aprendiendo me hacen un mejor líder.

Mentiría si dijera que no me gusta. La inmersión en la tecnología de la información, tan avanzada desde que fui a la escuela de medicina, vale la pena solo por el precio de la admisión. Para cada conferencia, tenemos una versión de la presentación en PowerPoint del profesor en nuestras pantallas. El médico que se sentó detrás de mí en una de las sesiones de clase me tocó en el hombro en el descanso y me dijo: "Disculpa, Harvey, pero estaba mirando por encima de tu hombro. ¡¿Qué demonios estabas haciendo?!"

Tuve que pensar por un momento antes de darme cuenta de lo que estaba hablando. Pensé que solo estaba escuchando. Pero entonces me di cuenta de que había estado adelantando varias diapositivas porque estaba mirando el reloj, no esperando a que la clase terminara, sino viendo si el profesor se movía por las diapositivas lo suficientemente rápido para terminar la presentación en el tiempo asignado. Por supuesto, no, no iba a lograrlo. Así que leí con anticipación para asegurarme de que estaba recibiendo todo el contenido.

Es más, estaba tomando notas. No grabando cuidadosamente todo lo que el profesor dijo, que estaba en la diapositiva, pero tomando nota de los *nombres* mencionados en la diapositiva. El profesor seguía refiriéndose a los pioneros de la industria, proveedores de servicios y líderes empresariales que habían aportado las ideas o eran pioneros en las técnicas que se enseñaban. Estaba anotando sus nombres para poder buscarlos en Facebook o LinkedIn y llegar a ellos después de la clase como posibles mentores, socios o colaboradores. También tenía una lista separada de ideas que se me ocurrieron durante la clase. A medida que aprendí nueva información, escribo notas sobre cómo podría tomar esta nueva información y aplicarla a mi negocio.

Mi compañero de clase estaba desconcertado. Ambos estábamos en el mismo curso de estudio y probablemente ambos terminaríamos con las mismas tres letras para añadir al reverso de nuestros nombres, pero yo estaba obteniendo mucho más de cada conferencia que él. Tomaba esta nueva información y la aplicaba, consciente de aprovechar al máximo todas mis oportunidades. Si sientes que no tienes oportunidades, entonces el objetivo es crearlas.

Sin embargo, se pone aún mejor. A cada estudiante se le asigna un mentor en persona, con el que seguimos teniendo una relación hasta dos años después de terminar el curso. Probablemente todos ustedes ya saben lo que pienso de los mentores. No importaba en lo más mínimo que tuviera que pagar un curso para tener este tipo de acceso. Aquí estaba yo, sentado en una mesa de comedor con una muestra de un plan de negocios preparado como parte de un proyecto de la clase, y al otro lado de la mesa, frente a mí, está un multimillonario de setenta años, veterano de 30 o 40 negocios exitosos, ahora en sus años de emérito y ansioso por retribuir. Este león del espíritu emprendedor está mirando mi plan de negocios y dándome consejos, elogiándome por lo que hice bien, criticando lo que hice mal y haciendo sugerencias de cómo mejorarlo, conocimientos adquiridos durante décadas de práctica. Fue como sentarse en un puesto de comida con Yoda. Soy tan afortunado de tenerlo a él y a otros de quienes aprender.

Entiendo que no creo que un MBA sea el fin de la perspicacia en los negocios. Soy muy consciente de que muchos directores ejecutivos multimillonarios no tienen un MBA (aunque muchos de ellos son "ideólogos" y dependen de los MBA para dirigir varios aspectos de sus empresas). Tal vez tenga la suerte de ser el próximo Steve Jobs o Elon Musk... pero eso no es algo que se planifique realmente. Esos tipos son quienes son porque eso es lo que *son*.

El MBA vale la pena para mí por dos razones:

El Objetivo

El título puede que sea un trozo de papel, pero era un *objetivo*. No mucha gente tiene ese pedazo de papel, y al fijarlo como un objetivo, tenía algo a lo que aspirar. Llámalo un objetivo de "lente media", algo que podría dividir en objetivos de "primer plano" y abordarlo metódicamente en busca de mi objetivo de "gran ángulo"... celebrando mis logros a cada paso del camino.

Tal vez un MBA *sea* algo arbitrario, y podría aprender todos los hechos que he aprendido en el curso en libros o en línea. *Pero* habría perdido las valiosas interacciones con mis compañeros de estudio, mis profesores y esas invalorables oportunidades de establecer contactos y vínculos con mentores.

La Caja de Herramientas

El título puede no ser más que un trozo de papel, especialmente si eliges un programa mediocre, pero el camino hacia ese trozo de papel está lleno de oportunidades para aprender habilidades y añadirlas a mi caja de herramientas como administrador de un hospital y hombre de negocios.

Había muchos principios de negocios que entendí instintivamente o aprendí en la calle, pero nunca supe *por qué* funcionaban las cosas que intuitivamente probé. Al estudiar para mi MBA, bajé la cortina y descubrí toda una *ciencia* detrás de las técnicas que aprendí en la calle a través del ensayo y el error. No solo había razones bien estudiadas por las que las cosas que me funcionaban dieron resultado, sino que la ciencia fue *aún* más profunda, y las ciencias complementarias surgieron de *esas* ciencias de la manera en que la química surge de la física y la biología de la química.

Tenía una gran base gracias a mi temprana iniciativa, pero había mucho más que aprender. Hay dos maneras de aprender: de las experiencias de los demás y de tu propia experiencia. El MBA me enseña los errores de otros mientras me expone a nuevas experiencias. Lo mejor de todo es que una vez que tengo esta educación, no me la pueden quitar. No tiene precio.

Los Peligros de Renunciar Mientras Estás en Marcha

Así que... soy un doctor en medicina buscando un MBA. Se te podría perdonar que pienses que solo estoy presumiendo en este momento.

En realidad, lo contrario es cierto. Conozco a muchos doctores, y muchos de ellos sostienen el título de "MD" como si los hiciera Dios. Después de todo, tienen vidas en sus manos. ¿Por qué deberían obtener otro título cuando tienen el mejor título?

No tienes que ser médico para decidir que lo has "logrado". Tal vez sientas que este estatus está muy lejos de donde te sientas en la escalera de la productividad hoy en día, pero tienes que empezar a preparar tu mente para ello *ahora*, no sea que termines en la categoría de "pobres de alto rendimiento".

La verdad es que no se puede ser un buen médico descansando en los laureles. Si practicara la medicina ahora como cuando era un interno, me quedaría sin trabajo. En ese momento, recuerdo que estaba buscando una pasantía en Urgencias, pero un embarazo prematuro inesperado me impulsó a dar un giro basado en mis valores. Este giro me dio un año de experiencia en Medicina Familiar, herramientas que luego necesitaría para tener éxito en la sala de emergencias. Tuve una mejor visión de ver la sala de emergencias como una práctica en comparación con mis colegas que la veían como una forma de meter y sacar a los pacientes. Yo estaba construyendo una consulta, mientras que otros médicos de urgencias estaban construyendo un molino de pacientes.

No fue mi primera reinvención, pero sí la primera dentro de la profesión médica. Aprendí a adaptarme y a sacrificarme por el gran cuadro que me sirvió increíblemente bien cuando empecé a abrir hospitales y a gestionar grandes plantillas. Cuando era director médico de una sala de emergencias, tenía que concentrarme en la administración del negocio y aprender a enseñar a otros cómo cuidar a los pacientes de la manera en que yo lo hacía.

Los humanos están en su mejor momento cuando tienen algo por lo que esforzarse. A la gente no siempre le gusta oír esto, pero si tienes un fuerte ¿Por qué estás mucho mejor que un médico que ha decidido "¿Sabes qué? Estoy bien. No necesito mejorar". Mi *Por Qué* es para ayudar a los pacientes y mejorar los resultados. Mi *Qué* es para brindarles una experiencia de cuidado de la salud increíble. Mi *Por Qué* me empuja a dar siempre lo mejor de mí a mis pacientes. Los médicos que tienen un fuerte *Por Qué* con respecto al cuidado de los pacientes son los que dan la mejor atención a sus pacientes.

Sin algo por lo que esforzarse, ese lacónico médico comenzará a perder su razón de ser. Comenzará a perder su control sobre sus valores. Descubrirá un vacío en su vida y tratará de llenarlo con posesiones y distracciones. Puede que empiece a olvidar lo mucho que depende de su esposa e hijos, tal vez incluso llegue a creer que no los necesita. El divorcio puede levantar su fea cabeza y el caos financiero. Los hijos del doctor pueden dejar de hablarle. A medida que su vida se desmorona, su trabajo como médico, el clavo en el que colgó todo el cebo, puede empezar a resbalar también.

Esto es deprimentemente común. Deprimentemente. Nunca mires a un médico o a un director general o a un actor famoso y pienses que lo tienen todo controlado más que tú. No lo tenemos. Realmente, realmente, realmente no lo tenemos. No somos mejores que nadie, y es tan probable que seamos un desastre como cualquiera. Si te pones a reinventarte alrededor de un fuerte *Por Qué*, darás vueltas alrededor de todos nosotros.

Establece tus Objetivos en Alto

Entonces, ¿por dónde empezar con tu primera reinvención? ¿La reinvención que comienza ahora mismo?

Empieza por establecer un objetivo elevado. Sí, tus objetivos en el "primer plano" ocuparán tu tiempo en el presente inmediato, pero eso solo funciona con un gran anillo de latón en el gran angular, como mi MBA o la carrera de ultrasonido de mi madre.

Lo haces bien si tu objetivo parece estar en el reino de las posibilidades, pero está tan arriba en la escala que apenas puedes imaginarte alcanzarlo. Las lentes de cerca y las lentes medios te *permitirán* alcanzarlo, pero al principio, tu objetivo de gran angular debería darte un poco de vértigo.

Reevalúa Tus Objetivos Cada Año

El siguiente paso para tu reinvención es reevaluar esos objetivos cada año. Es un cliché, pero considera el Año Nuevo como un momento para evaluar tus objetivos. Si odias los clichés, prueba con tu cumpleaños o un día arbitrario del año. Siéntate y tacha cualquier objetivo de primer plano y medio que hayas marcado el año pasado, y considera si tu objetivo de gran angular sigue estando donde debe estar.

La mayoría de los años, lo estará. Si es lo suficientemente elevado, te llevará varios años llegar allí. Si eliminaste tu objetivo gran angular el mismo año que lo hiciste, no apuntaste lo suficientemente alto. Sube un poco el nivel cuando lo reevalúes.

A medida que te acercas más y más a la meta gran angular con cada año que pasa, puedes notar algo extraño... mientras celebras un logro tras otro en tu camino hacia la lente gran angular, la lente se hace aún más abierta. Un nuevo objetivo comienza a surgir, uno aún más alto que el original. Pensaste que te estabas columpiando hacia las vigas con el primer objetivo, pero descubres que hay un estadio completamente nuevo al otro lado de las vigas, mucho más lejos que podrías subir.

¡Esto es una buena noticia! Esta es la señal de que tu reinvención está funcionando. Te estás reinventando en alguien que no solo sube la escalera, sino que va desbloqueando metas cada vez más grandes a medida que avanza. La cosa es que en el fondo de la escalera puede que ni siquiera seas capaz de entender de lo que eres capaz.

Supongamos que quieres reinventarte como actor profesional. El simple hecho de conseguir un trabajo remunerado de actor podría ser un objetivo muy apropiado. Pero a medida que tomes clases y aprendas el juego, puede que descubras un nuevo objetivo: reservar un trabajo de actuación en el *sindicato*. A medida que lees guion tras guion, puedes pensar "yo podría hacer eso" y desbloquear el objetivo de escribir y dirigir tu propio cortometraje. A medida que reúnes el dinero y el equipo para hacer la película, tal vez desbloqueas el objetivo de colocar tu película en los festivales de cine. A medida que asistas a los festivales y descubras que tu talento no está tan lejos de los ganadores de los festivales, tal vez tu objetivo se convierta en ganar los máximos honores en un festival de cine.

¿Y ahora qué? ¿Dirigir un largometraje? ¿Vender una película? ¿Ganar un Oscar? ¿Fundar una compañía de producción y financiar películas con generosos derechos y convertirte en multimillonario? Estos objetivos estratosféricos pueden sonar absurdos cuando estás sentado en el fondo de la escalera sin una lección de actuación en tu nombre... pero se revelarán más arriba en la escalera.

Esto puede parecer como "mover el poste de la meta". ¿Así que *nunca* celebras el arrebato de ese gran anillo de bronce que te pusiste? Un recordatorio rápido... ¡has estado celebrando todo el tiempo! Cada vez que subes un anillo de la escalera, cada vez que marques el más pequeño de los objetivos en primer plano... ¡Celebración! Tu cena favorita, un paseo por el parque, una borrachera de Netflix, unas mini-vacaciones.

Al realizar tu reevaluación anual, lo que solía ser tu objetivo de gran angular se convierte en un objetivo de *medio angular*. Todavía puedes celebrar el logro de esa meta, y de una manera más espectacular que si fuera una meta de cerca... pero el lente gran angular se ha vuelto más amplio. Estás pensando más grande que nunca antes porque tu yo reinventado *es* más grande. Tú y tu nuevo objetivo son una pareja perfecta. Recuerda, la velocidad de tu ascenso no importa, siempre y cuando sigas subiendo. Cuando llegues a lo que pensabas que era la "cima" de la escalera, los peldaños más altos se revelarán. Nunca dejes de reinventarte. La clave es ser mejor mañana de lo que eres hoy, aunque sea un poco mejor.

Sé Cuidadoso Con Los Cumplidos

Una de las maneras más fáciles de ser complaciente, de sentir cómodo con tus logros, y sentir que lo has "logrado", es no tener cuidado con los cumplidos.

Algunas personas tienen problemas con los cumplidos. Les entra por un oído y les sale por el otro. Estos "robots del éxito" rechazan esos cumplidos inmediatamente con el sentimiento de "puedo hacerlo mejor" o "no he llegado a la meta todavía".

Solo mantienen sus cabezas abajo y siguen adelante, adelante, adelante... hasta que se queman.

Lo contrario es igual de pernicioso. Algunas personas, especialmente las que se duermen en los laureles y a menudo en un techo muy bajo de éxito, son pródigos en sus cumplidos, y que Dios los bendiga. "¡Eres increíble!" "¡Eres asombroso!" "¡Mira lo bueno que eres!" "¡Mira lo que has conseguido!"

Algunas de estas personas tienen buenas intenciones, pero otras tienen un objetivo más pernicioso. Enterrado en algunos de esos cumplidos está el sentimiento: "¡Mira lo lejos que has llegado! Por favor, no subas más alto, o podrías perderte... o perder el respeto por mí mismo por no haberme detenido en mi propia escalada".

He trabajado muy duro para encontrar un camino intermedio entre estos dos extremos. Escucho cumplidos y los aprecio, siento gratitud y la muestro. Pero entiendo que el cumplido es de ellos, y mis objetivos son los míos, y ambos pueden existir al mismo tiempo.

Es tentador reaccionar a un cumplido pensando, "¿Sabes qué? ¡*Soy* genial! Tal vez no necesite esforzarme tanto". Lo siguiente que sabes es que ya no eres humilde y tienes hambre de mejorar.

Hoy, mi reacción a un cumplido es: "¡Gracias! ¡Ahora déjame seguir trabajando!"

No quiero decir "déjame en paz". Quiero decir "Mira, estoy empezando".

Constantemente estoy reevaluando mis objetivos, estableciéndolos cada vez más alto. Tal vez los objetivos son amplios.

Tal vez son específicos. Tal vez son demasiado elevados. Tal vez falle. De nuevo, he fallado muchas veces, pero no tengo miedo de fallar porque aprendí algo de cada fracaso, aprendí a hacerlo mejor la próxima vez.

Para mí, un fracaso es una oportunidad para decir "Vale, soy malísimo en esto... déjame añadirlo a mi lente medio, trabajar en ello durante un año, y ver cuánto mejor soy cuando reevalúe mis objetivos el año que viene". Puede que no cierre la brecha del todo, pero piensa en lo mucho mejor que podría conseguir escalando un peldaño a la vez durante todo un año.

Invitar a la Crítica

Una cosa es ser cuidadoso con tus cumplidos, pero otra cosa es invitar activamente a la crítica. De hecho, la mayoría de la gente odia las críticas y hace todo lo posible para evitarlas.

Este instinto es especialmente insidioso porque cualquier reinvención de éxito es polarizante. Muchos de tus amigos y familiares te animarán, pero otros pueden criticarte o intentar socavar tu éxito, hacerte dudar de ti mismo, o intentar arrastrarte a su negatividad. La única manera de evitar este tipo de crítica es nunca balancear el barco... nunca tener la reinvención del éxito en absoluto. ¿Pero es eso lo que realmente quieres?

La verdad es que la crítica puede ser tu mejor amiga. Le pido a los más cercanos a mí que me den constantemente retroalimentación. "¿Cuáles son mis puntos ciegos? ¿Qué puedo hacer de manera diferente? ¿Dónde puedo mejorar?" Para reinventarme, tengo que aceptar que soy un trabajo en progreso. Tengo que ser humilde. Tengo que aceptar que podría perderme en un túnel de mi propia perspectiva, y los fallos o defectos que son evidentes para los que me rodean podrían ser invisibles para mí.

La crítica es un regalo, no un ataque. Es una oportunidad para decir "¿Tienen razón? ¿Hay alguna lección que pueda aprender aquí que pueda ayudar a reinventar mi éxito, o quizás tomarlo en una dirección completamente nueva, incluso más fructífera. Nunca arremeter contra las críticas. En todo caso, acepta todas las críticas y considera por qué darían esa respuesta. ¿Reflejaron sus acciones esos comentarios negativos, de *alguna* manera? Tengo una regla. Cuando me critican, cualquiera que sea mi primera reacción, duermo con esa crítica y veo si me siento igual al día siguiente. Es increíble cómo un nuevo día puede traer una perspectiva totalmente diferente.

El Peligro de Ganar Cada Argumento

Algunas personas que tienen problemas para aceptar las críticas tienen personalidades muy fuertes. Cuando escuchan las críticas, retroceden con fuerza con el fregadero de la cocina, argumentando el punto como si sus vidas dependieran de ello. No todo el mundo tiene el estómago para ese tipo de lucha, incluso si tienen un punto perspicaz para plantear. Lo más probable es que digan, "Como quieras", y se echen atrás. ¡Felicidades! Ganaste otra pelea, pero perdiste una oportunidad de crecer, que es el regalo de la crítica.

La gente que se defiende con fuerza y gana cada argumento puede construir una burbuja de comodidad a su alrededor donde nunca se les reta porque la gente a su alrededor llega a entender que la crítica invita a una pelea que probablemente perderán, y tienen mejores cosas que hacer que pelear contigo.

Pero aquellos *que* escuchan obtendrán valiosos conocimientos que los llevarán a reinvenciones que cambiarán sus vidas. Los tipos argumentativos que se ofenden facilmente se quedarán en el polvo... evidencia que no pueden gritar.

Cómo Invitar con Éxito a la Crítica

Invitar a la crítica da miedo. Puede ser fácil tomar personalmente la crítica más constructiva: "Vaya, apesto porque no soy perfecto". Superar ese miedo y replantear la crítica como algo positivo es una de las herramientas más poderosas que puedes agudizar en el proceso de tu intervención exitosa.

Estos son los pasos críticos para invitar a la crítica con éxito:

No Te Enojes

Si arremetes cada vez que te critican, los que están cerca de ti captarán el mensaje y dejarán de criticarte... y una vez más, pierdes valiosas oportunidades de crecer.

Detente. Toma un respiro. Resiste la tentación de decir "Eso no es verdad porque...!" o "Bueno, mira lo que haces...!" o cualquier otra reacción defensiva. Esas respuestas pueden ser naturales, especialmente si has tenido una vida dura y has tenido que luchar por todo lo que tienes. Pero ya no te sirven.

Respira hondo e intenta una reacción diferente: "Te escucho. Continúa". Olvídate de si tienes razón o no. Esa decisión puede venir después. Por ahora, acepta la entrada. Siempre puedes descartarlo en otro momento, pero si reaccionas con ira, ese es el juego.

Consúltalo Con La Almohada

Cuando digo que puedes lidiar con ello "más tarde", normalmente me refiero a después de una buena noche de sueño. Como he mencionado, creo que el cerebro hace un buen trabajo durante el sueño y tenemos una forma de despertar con claridad. Dale 24 horas completas y una buena noche de sueño, y luego pregúntate: "¿Esta persona tiene razón? ¿O incluso parcialmente correcta? ¿Puedo tomar lo que esta persona me dijo y convertirlo en un peldaño de la escalera?"

Si, después de consultarlo con la almohada, todavía crees que están fuera de la base, puedes dejarlo pasar. Porque ya no estás caliente, molesto y preparado para dar golpes, ¡es más probable que mantengas la relación!

Elige Tu Círculo De Confianza

Cuando digo "invita a la crítica", no me refiero a *todos*. Como mencioné antes, a algunas personas no les gusta verte triunfar porque están atascadas en su propia negatividad. Si alguien cercano a ellos se somete a una reinvención de éxito, se refleja mal en ellos por no hacer lo mismo. Critican para mantenerte deprimido. ¡No les dejes entrar!

A medida que subes la escalera y entras en el ojo público, se pone peor. Alguien que ni siquiera conoces está siempre a disposición para tratar de derribarte. Toma esta crítica con un grano de sal. Podrías hacer diez cosas bien, pero todos los que odian se dan cuenta de que has hecho mal.

Lo que estás buscando es tu *círculo de confianza*. Tus amigos más cercanos y tu familia, a los que conoces, apoyan tu éxito todos los días con todo su corazón, sin una pizca de amargura o celos. Estas personas deberían tener rienda suelta para criticarte. Escúchalos. Están tratando de hacerte mejorar.

Me gusta decirle a la gente de mi círculo de confianza, "Puedes decirme lo que quieras, *siempre y cuando...*" ¿Siempre y cuando qué? Dales parámetros, lo que sea que funcione para ti.

- "...siempre y cuando me recuerdes que me amas".

- "...siempre y cuando me dejes consultarlo con la almohada antes de responder".

- "...siempre y cuando lo conviertas en un 'sándwich de críticas', con la nota constructiva encajada entre dos cumplidos".

Si la gente *fuera* de tu círculo de confianza -alguien en quien *no* confías para que te apoye en tu éxito o un extraño al margen- te ofrece una crítica, *puedes* seguir escuchándola... pero pide una segunda opinión.

¿De quién? De tu círculo de confianza, ¡por supuesto! Antes de tomarte a pecho una palabra desagradable de un extraño, pregúntale a tu cónyuge, a tu hermano, a tu mejor amigo: "¿Esta persona tiene razón? ¿Hay algo de verdad en ello? Puedes decirme *cualquier* cosa, siempre y cuando..".

Entonces, ¿quién está en tu círculo de confianza? ¿Quiénes son tus animadoras que se pondrán a tu nivel porque quieren ayudarte a tener éxito? Intenta pensar en cinco nombres.

MI CÍRCULO DE CONFIANZA:

1. _____

2. _____

3. _____

4. _____

5. _____

Llega a estas personas y asegúrate de que sepan que estás abierto a las críticas. "Oye, estoy tratando de hacer de mi vida lo mejor, y confío en ti para que me ayudes a mejorar. Sabes que puedes decirme cualquier cosa, siempre y cuando..".

Sé Amable Contigo Mismo

Al invitar a la crítica, te enfrentarás a la dolorosa verdad, como si no supieras ya, que no eres perfecto.

No te castigues. Nadie es perfecto. Si entrevistas a los mejores titanes de cualquier campo, desde la tecnología a los deportes, desde el entretenimiento a los negocios, encontrarás gente lo suficientemente segura de su éxito como para desatar un torrente de debilidades y autocríticas. No se trata solo de ti, *sino de todos nosotros*.

Así que sé bueno contigo mismo. Dí: "Yo no soy perfecto, y tengo un largo camino por recorrer, pero me quiero pase lo que pase".

Deja De Lado Las Identidades Que Te Socavan

Para reinventarnos, debemos necesariamente dejar ir lo que somos *ahora* para hacer sitio a la persona en la que nos convertire-

Reinventa Tu Exito

mos. Sigue siendo "tú", pero un "tú" reinventado, desglosado y reensamblado más fuerte que antes, con uno o más errores en el software remendado.

Desafortunadamente, las historias que nos contamos son fuertes, especialmente las historias sobre *quiénes somos*. Para reinventarte con éxito, puede que tengas que dejar de lado algunas de tus historias.

Puede que no *quieras* ser estas personas. Puede que ni siquiera te des cuenta de que estas identidades son historias que te cuentas a ti mismo... pero las refuerzas con la misma noción de una reinvención de éxito en sí misma.

Prueba esto. Escribe tres finales de esta frase: "Antes de que pueda tener éxito, lo que debo arreglar es que no soy..".

1. _____

2. _____

3. _____

"...bueno en el trabajo escolar". "...creativo". "...suertudo en el amor". "...muy puntual" "...un padre atento" ¿Alguna de las cosas que escribiste son realmente verdaderas, o son solo historias que te has estado contando a ti mismo?

Intenta con una historia diferente. Escribe lo contrario de cada una de estas tres "debilidades" y empieza a aplicarlas a ti mismo. "Yo soy..."

1. _____

2. _____

3. _____

"...muy inteligente en mis materias favoritas". "...muy creativo". "...una oportunidad". "...una persona que comparece". "...un padre cariñoso". Empieza a contar *esa* historia, vive *esa* identidad. No hay razón para que no puedan ser verdad, empezando *ahora*.

Deja Ir Las Identidades Que Te Pueden Ser Arrebatadas

Si alguna vez me ves balanceándome alrededor de mi título como un murciélago... "Ese es el *Dr*. Harvey Castro para ti", hazme un favor. Encuentra un bate de *verdad* y pégame con él. Me habré equivocado de verdad.

Reinventarte significa dejar ir cualquier identidad que te retenga. Eso *incluye* incluso las identidades positivas que, al final del día, no te definen.

Como mencioné en un capítulo anterior, tengo que enfrentarme al hecho de que un día, cuando tenga 70 u 80 años, puede que tenga que hacer un test de aptitud y escuchar las palabras, "Lo siento, Dr. Castro, pero tenemos que suspender su licencia. Ya no está calificado para ejercer la medicina".

Eso será difícil. No voy a mentir. Pero sobreviviré porque no *soy así*. Pueden quitarme el título, pero no la educación o el orgullo de mis logros.

Si uno de mis negocios fracasa o es demandado, no tengo que desesperarme. Construí esas empresas... incluso si pierdo una, siempre puedo construir otra. ¿Cómo puedo saber eso? Porque ya he construido una antes. La compañía puede haber desaparecido, pero las lecciones no. No me malinterpretes... sí, me duele fracasar. La clave es aprender de los fracasos y volver a levantarse. No dejes que los fracasos te depriman.

Entonces, ¿quién soy yo? Soy Harvey Castro, un americano de primera generación que se levantó de la pobreza para hacer grandes cosas. Mi fuerte *Por Qué* me empuja a seguir trabajando duro, tanto para mí como para los que me rodean. Quiero que todos tengan éxito. Soy un aprendiz de por vida, un padre cariñoso, un hijo devoto. Un día, mi madre morirá. Eso no cambiará el hecho de que soy un hijo devoto. Nada puede quitarme eso.

Disfruta del Ascenso

Ya lo hemos mencionado antes, pero vale la pena repetirlo, que algunas personas sienten desesperación cuando se les dice que el ascenso por la Escalera de la Productividad nunca termina, que la clave del éxito es reinventarse todo el tiempo y que la alegría está en el viaje, no en el destino. Tiene que haber algún punto en el que puedas dormirte en los laureles, ¿verdad? Algún momento en el que puedas relajarte, quitarte los zapatos, tirarte a la piscina del ático y exclamar "¡Gané!"

Tal vez has oído que la ascensión nunca se detiene en un millón de otros libros y esperabas que este libro fuera diferente. Odio decepcionarte, pero te prometo que tengo mejores noticias...

El hecho de que la ascensión nunca termine significa que puedes dejar de esperar para celebrar tu éxito y empezar a celebrarlo *ahora*. Porque incluso la más pequeña subida, desde el escalón en el que estás ahora hasta el siguiente escalón por encima de ti, equivale al escalón que subirás cuando tu vida se transforme, cuando tu cuenta bancaria y tus relaciones y tu satisfacción en el trabajo sean todo lo que jamás imaginaste que podrían ser. Incluso cuando estés allí, seguirás subiendo... lo que significa que no hay tiempo como el presente para empezar a disfrutar de la subida.

¿Recuerdas cuando dije que te tomaras tiempo para hacer cosas por ti mismo en el camino? No quise decir *después* de que te hayas puesto en marcha y subido unas cuantas docenas de peldaños y *entonces* puedas recompensarte. Quise decir *ahora, ahora, ahora*. Sube un pequeño peldaño; date el gusto. Deja el objetivo de hoy en la lente de primer plano. Celebra inmediatamente. No cuando llegues al siguiente peldaño, sino *este* peldaño, porque ningún peldaño de la escalera es mejor que el último.

Te reinventarás una docena de veces o más en la escalera del éxito. Dejemos que la primera reinvención sea la reinvención en una persona que está tan entusiasmada por dar el primer paso como lo está él/ella por dar el último paso... solo para descubrir que se ha abierto otro camino frente a ese "último" paso. Celebra cada día como si fuera el último, tira tu lista de deseos y disfruta de tu vida.

Puntos Clave:

- Establece tus metas en *alto*, puedes dividirlas en segmentos alcanzables más tarde. Reevalúa tus metas cada año y ajústalas.

- ¡Ten cuidado con los cumplidos! Deja que te alimenten, pero no dejes que justifiquen la inacción o el status quo cuando tu *Por Qué* te pida más.

- La crítica es un regalo. Aprende a dejarla entrar sin que te haga daño. Cultiva un círculo de confianza cuya crítica te edifique en lugar de derribarte.

- ¿Quién eres tú? ¿A qué identidades te aferras? Si asumes identidades que no te sirven, o que pueden serte arrebatadas, déjalas ir y construye una nueva identidad, una que resuene con tu *Por Qué*.

Reinventarse a sí mismo como un gran triunfador es el primer paso. Un paso en el camino que lleva al *dominio* del siguiente nivel.

CAPÍTULO 7:
Dominio Del Siguiente Nivel

A través de la magia de Facebook, recientemente me reencontré con amigos del instituto, algunos con los que salí cuando fuimos juntos al instituto en Nueva York. Nos conectamos principalmente por nuestra reunión de secundaria. No para reavivar la llama o algo así, solo para recordar y reírse de ser joven e ingenuo sobre la vida. De la nada, durante nuestra charla en los medios sociales, mi amiga me mandó un mensaje diciendo:

—Mi madre todavía habla de ti, ya sabes.

Dios mío, pensé. ¿Qué hizo el adolescente Harvey para ganarse décadas de enemistad de la madre de un amor de secundaria?

Sin embargo, terminó no siendo tan malo. De hecho, no fue nada malo.

—Ella dice que Harvey siempre fue un planificador. Siempre decía que iba a ser congresista, o que iba a ser médico, o que iba a dirigir su propio hospital.

—¿Se acuerda de eso? —escribí, aturdido.

—¡Claro! —me dijo mi novia del instituto—. No ha hablado así de ninguno de mis otros novios o amigos. Todo lo que les importaba era dónde íbamos a beber el fin de semana. ¿Recuerdas dónde fuimos al instituto?

—Pero mírate —dijo con admiración, lo que me hizo sentirme cohibido y reflexionar sobre cada mala decisión que tomé en los últimos doce años—. ¡Lo estás haciendo! Eres médico. ¡Diriges un hospital! Quiero decir, no eres un congresista, pero aún así...

—Todavía no —respondí con descaro.

Sorprendiendo A Todos, Incluso A Ti Mismo

Ella tenía razón. Con la educación que tuve, nadie habría esperado los resultados que produje, ni siquiera yo. Yo lo llamo el éxito "¿Qué diablos?", el tipo de éxito en el que miras de dónde vienes y el trayecto que has seguido, y dices "¿Qué *diablos*? ¡¿Cómo demonios pasó *eso*?!"

(Un escalón de la escalera a la vez, así es la manera).

Como saben, trato de abordar todo lo que hago con una actitud positiva. No es que no sienta miedo... sino que el adolescente Harvey siente el miedo por mí, y solo con 20/20 de retrospectiva. Si pudiera retroceder en el tiempo y decirle al adolescente

Harvey que hace diez años me senté en una reunión con un director financiero e inversionistas con millones de dólares para financiar compañías para proponer lo que terminó siendo un trato de 20 millones de dólares, el adolescente Harvey probablemente se habría orinado en los pantalones.

Si pudiera usar la misma máquina del tiempo para retroceder en el tiempo y decirle al Harvey de hace diez años que estaría sentado en una reunión similar con un elenco similar de personajes negociando un trato de *200 millones de dólares*, Harvey de hace diez años se habría meado en *los* pantalones.

La cosa es que ya no soy el adolescente Harvey. Tampoco soy el Harvey de hace diez años. Tampoco soy el Harvey de hace cinco años; ni siquiera soy el Harvey de hace *un* año. En cierto sentido, todavía están conmigo. Puedo recurrir a ellos si los necesito. Pero el Harvey de hoy tiene éxitos, fracasos y lecciones en su haber que *ninguno* de esos tipos tiene. La reinvención es tan natural para mí que comparar cualquiera de esos dos es como comparar bellotas y robles.

La verdad es que el director financiero puede ser muy bueno en su trabajo, los inversionistas pueden tener bolsillos llenos, pero ninguno de ellos puede suturar una herida o diagnosticar una sepsis. Si alguno de ellos quiere estar en ese juego, tiene que pasar por *mí* o por alguien como yo.

¿Por qué? Porque he construido una pequeña cosa llamada *dominio*, un ingrediente clave para la reinvención del éxito... y uno incomprendido, en eso.

La Falacia de "Todas las Ventajas"

Hablemos de mi educación por un segundo. Digo que nadie habría aceptado mi historia de éxito si miraran mis antecedentes... pero eso es porque la mayoría de la gente aplica una falacia básica a sus predicciones de qué niño tendrá éxito y cuál fracasará. Yo lo llamo la falacia de "Todas las ventajas". Y se demuestra mejor en una conversación que tuve con mi ex-suegro.

Lo creas o no, tengo una relación bastante buena con el padre de mi ex-esposa, Tony. Tony es un abuelo cariñoso y comprometido. Un día, Tony pensó que papá tenía que intervenir, así que me llamó y me contó su preocupación por el futuro de sus nietos.

—Harvey Jr. va a estar bien —me dijo Tony de forma directa—. Está motivado, tiene ofertas de becas para jugar al fútbol universitario, tiene metas... está en el camino correcto".

Asentí con la cabeza al final del teléfono. Sabía todo esto, y basado en el escenario, sabía lo que se avecinaba.

—Tenemos que hablar de Zach —dijo (mi otro hijo, como Harvey Jr. se acerca a la graduación de la escuela secundaria)—. No tiene la misma dirección. Parece que se queda en la orilla sin ningún plan para el futuro. Tenemos que incentivarlo —por *tenemos*, se refería a *mí*.

Tony tenía una gran relación con ambos chicos. Es fácil cuando eres el "Abuelo Divertido" que aparece para dar regalos y organizar viajes divertidos, con mamá y papá para intervenir cuando es el momento de la disciplina. Por esta razón, no puedo esperar a que lleguen mis propios nietos. *Seré* el amo del juego del abuelo. (Pero Harvey Jr. y Zach, si están leyendo esto a pocos años de su publicación... no hay prisa. Terminen la escuela).

Estaba en las trincheras de la crianza de estos niños todos los días, en constante comunicación con mi ex-esposa mientras trabajábamos para ser los mejores co-padres que podíamos ser en situaciones menos ideales. Tenía una idea diferente sobre lo que Zach necesitaba.

—Tony —le dije al padre de mi ex-esposa—, Estoy totalmente de acuerdo en que Zach necesita orientación. Pero no podemos dársela, y ciertamente no podemos forzarlo. Si lo intentamos, se resistirá a nosotros y seguirá el camino de la infelicidad. Además, no sabemos si *está* en el camino de la infelicidad. Podría decidir convertirse en un basurero y terminar siendo el mejor basurero del mundo, ¡un líder entre los basureros!

Tony se puso furioso. En su arrebato, yo sabía lo que venía después.

—Sabes —dijo Tony indignado—, cuando yo tenía su edad, no teníamos *nada*. Ni siquiera electricidad o agua corriente. ¡Mírame ahora! —Tony era un hombre de negocios independiente, con un valor de varios millones de dólares—. Tenía que empezar desde abajo. Zach ha tenido todas las ventajas. No hay razón para que él se tambalee así cuando yo lo tenía mucho peor y encontré mi camino!

Suspiré. Ahí estaba, la falacia de "Todas las ventajas", tan americana como el pastel de manzana y el Tex-Mex.

—Tony —dije—, no podemos hacer el camino de Zach por él. Podemos amarlo, aconsejarlo, ayudarlo, animarlo y rezar por él, pero tiene que encontrar su propio *Por Qué*. Tuviste un asombroso *Por Qué*, creciste pobre y decidiste dar a tus hijos y a tus nietos algo mejor. ¡Y lo lograste con éxito! Pero tu *Por Qué* no puede ser el *Por Qué* de Zach. Tiene que encontrarlo por sí mismo.

Ves la falacia de "Todas las ventajas" en cada lanzamiento hecho por un millonario hecho a sí mismo o un experto: "¡No fui a una escuela de la Ivy League!" "¡No soy guapo!" "¡No nací en una cuna de oro!" "Y si yo puedo hacerlo, ¡*cualquiera* puede hacerlo! ¡Te mostraré cómo! Son 2.000 dólares, por favor. ¿En efectivo o tarjeta de crédito?"

Si yo puedo hacerlo, cualquiera puede hacerlo. Suena bien, pero está lamentablemente incompleto. El tono real debería ser, "Si yo puedo hacerlo, demuestra que cualquiera de cualquier origen puede hacerlo si tiene un *Por Qué* lo suficientemente fuerte". Pero ese lanzamiento no desentierra las tarjetas de crédito.

Puede que pienses que soy insensible o ingenuo por decir esto, pero la gente con todas las ventajas - el dinero, la apariencia, el cerebro, etc. - opera con cierta desventaja. Muchos de los mejores *Por Qués* nacen del sufrimiento, de mi madre, de Tony y mío. En realidad no me sorprende en lo más mínimo que tantos grandes éxitos vengan de las penurias, de la nada.

Esto se aplica a otras industrias, por ejemplo, la industria de la comedia. Algunos de los mejores comediantes tienen los antecedentes más tristes. Muchos han experimentado un gran sufrimiento y han llegado a la cima a través de la comedia. Su *Por Qué* es fuerte y los ha llevado al éxito.

No *todos* los que vienen de la nada construyen ese tipo de historias de éxito, por supuesto, pero la idea de que las grandes historias de éxito solo vienen de las filas de los privilegiados ni siquiera resiste un escrutinio menor. Mientras tanto, las historias de los descendientes de las familias ricas que han llevado el nombre de la familia y la fortuna a la tierra en unas pocas décadas son igual de comunes.

El *Por Qué* es lo que te da la ventaja de tener éxito, al no tener "todas las ventajas". Los niños con todas las ventajas que tienen un fuerte *Por Qué* son casi imparables, pero yo apostaría cualquier día por un don nadie con un fuerte *Por Qué*, no un heredero o heredera sin un *Por Qué* salvo la autogratificación en la teta familiar. El don nadie es el que moverá montañas.

Con dinero y privilegios, puedes costear. Con un fuerte *Por Qué* puedes lograr el *dominio*.

¿Qué es el Dominio?

Malcolm Gladwell describió el "dominio" como un nivel de habilidad que se alcanza en una disciplina elegida después de 10.000 horas de práctica deliberada. Si dedicas cada hora de cada día a la práctica deliberada, con ocho horas para dormir, eso significa que toma 625 días para alcanzar el dominio.

Por supuesto, Gladwell estaba pintando con un amplio pincel para ilustrar el esfuerzo que se necesita para convertirse en un *verdadero* maestro de un oficio difícil como un instrumento musical o matemáticas avanzadas. Muchas disciplinas toman menos horas para alcanzar el dominio... incluso menos si es una disciplina para la que tienes un talento natural. De hecho, puede que hayas estado trabajando horas para alcanzar tu "dominio" sin siquiera saberlo.

Una madre soltera que yo asesoraba había terminado la mitad de su carrera de enfermería antes de que las exigencias de la crianza de sus hijos la superaran y la dejaran varada en su lugar en la escalera. La animé a reanudar la escuela y a terminar su título de enfermera. Pero se puso aún mejor. En el trabajo que *tomó* para mantener a su familia, había aprendido mucho sobre marketing.

Hay muchas grandes enfermeras; es difícil ser un maestro. Hay muchos grandes expertos en marketing; es difícil ser un maestro. ¿Cuántos expertos en *mercadeo de la salud* hay ahí afuera? No tantos. No se necesitarían 10.000 horas para lograr el dominio del marketing de la salud. Todo lo que se necesitaría sería un poco de educación especializada sobre dónde está la industria del marketing ahora mismo y hacia dónde se dirige, y voilà, tiene un producto que pocas enfermeras o comercializadores tienen para ofrecer. Mejor aún, la comercialización es el tipo de carrera que podría construir desde su casa sin tener que quitarle tiempo a sus hijos.

El dominio es ser un líder en su campo. ¿Recuerdas lo que dije sobre que Zach podría ser el mejor basurero del mundo? Y oye, ¿recuerdas cómo amo a mi mamá? Conseguí esa analogía de mi mamá (sorpresa, sorpresa).

Mi madre me dijo muchas cosas impactantes. Como recordarán, me dijo: "Harvey, si quieres ser presidente de los Estados Unidos, puedes hacerlo. Yo creo en ti. Si lo deseas lo suficiente y trabajas lo suficiente, puedes ser elegido".

Grandes palabras, grandes sueños. Pero mi madre era una mujer humilde, y su seguimiento de esta bendición podría haber sido aún más impactante.

—Harvey —dijo—, si no quieres ser Presidente de los Estados Unidos, eso también está bien. No tienes que ser un congresista, no tienes que ser un médico. Podrías ser un carpintero. Podrías ser un basurero. Pero si eso es lo que eliges hacer, quiero que seas el *mejor* basurero que puedas ser. Quiero que seas un líder entre los basureros, el basurero que todos los demás basureros admiran.

Mi mamá, damas y caballeros.

Y tiene razón. No importa lo que elijas hacer, si quieres reinventarte como una versión más exitosa de tu antiguo yo, se necesita algo más que una actitud positiva. Necesitas *dominio* en tu equipo, *dominio* en tu caja de herramientas. Lo que sea que te guste o *puedas* hacer, domínalo.

Es más fácil de lo que parece. Ves, los tres lentes no solo se aplican a tus metas, también se aplican al dominio, porque logras metas *con* el dominio.

Digamos que quieres ser contratado como vendedor. Necesitas presentar un currículum y una carta de presentación. Convertirse en un vendedor maestro es una vocación de por vida. No sucederá mañana, no importa cuán talentoso seas. Siempre hay más que aprender sobre la negociación, los puntos de enganche emocional, los puntos de dolor, y el cierre.

Pero el dominio de las ventas es un *gran ángulo*. Sí, consigue libros y audiolibros y escuchas podcasts y videos de entrenamiento de YouTube sobre las ventas. Te ayudará a largo plazo. ¿Pero qué necesitas hacer a corto plazo? ¿Qué hay en la lente de primer plano? Escribir una carta de presentación. ¿Puedes dominar el arte de escribir una carta de presentación? De repente, el dominio parece un poco más fácil, ¿verdad?

Cada objetivo de primer plano y medio que dominas se basa en tu dominio. Te da algo que celebrar en el camino. Y en un año o varios años o incluso una década, puntuado por éxitos grandes y pequeños, mirarás atrás al nivel de gran maestría acumulado por todas los pequeños dominios detrás de ti y pensarás, "¡¿Wow... qué diablos?!"

Los Tres Pasos Para El Dominio

Si el "dominio" todavía parece nebuloso y difícil, no solo seamos específicos, sino también simplifiquémoslo. Ya sea que hablemos de un pequeño dominio del primer plano o de un gran dominio del gran ángulo, no se necesitan 10.000 horas de entrenamiento. Se necesitan tres pasos. Sí, con perdón al Dr. Gladwell, solo tres.

Podría tomar 10.000 horas para trabajar a través de esos tres pasos. También podría tomar 10 horas o 100.000 horas dependiendo del alcance del objetivo... pero los pasos siguen siendo los mismos. Son...

1. Verlo.
2. Hacerlo.
3. Enseñarlo.

Verlo

¿Sabes quién me agrada? Mi madre. Ya te he dicho que se reinventó como técnico de ultrasonido después de toda una vida de trabajo con bajos salarios. Te dije que se reinventó como alguien que ya no está casada con un marido abusivo por temor a la vida de su hijo. Pero esas no fueron solo dos reinvenciones, ni mucho menos.

Cuando estaba construyendo mi carrera como médico, mi madre se abrió a mí sobre sus propias frustraciones en la vida de una manera que nunca antes había tenido. Tal vez vio que mi barco estaba a salvo en el mar y que nadie iba a quitar el viento de mis velas; ya no tenía que ser el viento de la felicidad a mis espaldas. Podía soplar un poco de vapor para variar.

—Sabes, Harvey —me dijo—, nunca he tenido una vida propia. Cuando dejé la casa de mi padre, dediqué mi vida a mi marido. Luego, cuando dejé a tu padre, dediqué mi vida a ti... y no cambiaría ni un minuto de ella. Pero ahora has crecido y estás haciendo algo por ti mismo, y me doy cuenta de que no he tenido una vida propia. Estoy tan orgullosa de quién *eres*, pero no tengo ni idea de *quién* soy.

Cerró los ojos y respiró profundamente.

—Ojalá hubiera podido hacer tantas cosas de forma diferente.

Había visto esa cara, oído ese suspiro, escuchado esas palabras muchas veces, no de ella, sino de otros. Llega un momento, para los afortunados entre nosotros, en el que tus padres dejan de ser solo tus padres, pero también se convierten en otro adulto con todas las dimensiones de la humanidad contenidas en ellos. En ese momento, *mi* madre se convirtió no solo en mi madre, sino en una madre soltera poco diferente de las muchas que había conocido, que habían trabajado para mí, para las que yo había trabajado y con las que me había asociado en mi viaje.

Debido a ese viaje, tuve algunas ideas sobre lo que mi madre estaba diciendo. Esta era mi oportunidad de devolverle el estímulo que siempre me había dado y hablarle un poco sobre la reinvención.

—¿Qué te gustaría haber hecho diferente, mamá? —yo pregunté—. ¿Qué habrías hecho?

Su respuesta me sorprendió porque nunca lo hubiera esperado.

—Construiría casas —dijo.

—¿Qué? —dije, aturdido—. ¿Casas?

Resultó que uno de los trabajos mal pagados de mi madre era trabajar para constructores de casas. Ella había visto cada aspecto de su negocio y tenía muchas opiniones.

—Ninguno de ellos sabe lo que hace, y nunca me escucharon —dijo mi madre—. Si alguno de ellos me escuchara, yo podría hacerles ganar mucho dinero.

—Así que, ¿por qué no encuentras algunos constructores de casas que te escuchen, y les cobras por el privilegio? —dije.

Ese fue el comienzo de la tercera carrera de mi madre como consultora de construcción de casas. No todos querían escuchar a una anciana colombiana que no conocían decirles cómo hacer sus negocios, pero otros conocían la ayuda a la hora de llamar a la puerta y le pagaban bien. Era fácilmente su carrera mejor pagada, y se produjo en el otoño de su vida.

Mi madre tuvo éxito porque *lo vio* con una sola mirada lo que quería hacer y decidió hacerlo. Ese es el primer paso. Puede ser algo que alguien que admiras ya hace, y quieres seguir sus pasos. Puede ser algo que ves haciendo completamente mal y sabes que puedes hacerlo mejor. Pero el primer paso más poderoso es ver uno y decir, "¡Quiero hacer eso! ¡*Puedo* hacerlo!"

Empecemos aquí. ¿Cuáles son las tres cosas que has "visto" en los últimos días, semanas, meses o años que te hacen decir "quiero hacer eso"? ¡*Puedo* hacerlo!" No importa lo grande o lo pequeño. ¡Si lo ves, escríbelo!

1. _____

2. _____

3. _____

Hacerlo

Una vez que veas lo que quieres hacer, es hora de hacer uno propio. Esperarías que ver fuera la parte fácil y que hacer fuera la parte difícil, y puede que tengas razón. Pero a veces es más fácil lanzarse; ver lo que quieres puede ser el verdadero desafío.

De cualquier manera, hacer es el siguiente paso, porque es donde tienes el privilegio de cometer errores.

Recuerda, el fracaso es parte del proceso. *No puedes* tener miedo de fracasar, porque el camino de *cada* reinvención de éxito está sembrado de fracasos que enseñaron al beneficiario lecciones sorprendentes. El fracaso que *no puedes* arriesgar porque sería imposible recuperarse? Sí, eso también. Es mejor que te acostumbres a ello e incluso que lo esperes, porque cuanto antes falles, antes aprenderás. Cuanto antes aprendas, antes tendrás éxito. ¿Por qué aplazarlo más tiempo?

No admiro a la gente que nunca ha fracasado. De hecho, me dan un poco de lástima. Sus vidas pueden haber sido cómodas y "seguras", pero no aprenden a resistir o a levantarse cuando son derribados. Eso puede parecer el curso de acción "seguro", pero al final te atrapará. La vida nos derriba a *todos* eventualmente, ya sea que nos arriesguemos o no, ya sea que elijamos la aventura o no. ¿Por qué no tomar tus golpes y tratarlos como oportunidades? ¿Por qué no elegir el riesgo, elegir la aventura?

Verán, hay dos maneras de aprender las lecciones. Puedes aprender de los demás. Esto normalmente significa aprender de los *errores* de los demás, del *fracaso* de los demás. Puede que hayas oído a algún gurú u otro decirte, "¡Quiero enseñarte todos los errores que he cometido, para que no tengas que cometerlos!"

Eso es medio cierto. *Puedes* aprender de los errores que otros han cometido en el camino que quieres recorrer. Incluso puedes evitar esos errores por ti mismo, lo que es mejor porque hay muchos nuevos errores que puedes hacer. No necesitas cometer ninguno de los errores del gurú, porque cometerás muchos propios en el camino hacia la maestría.

La otra forma de aprender es a partir de tu propia experiencia, y ninguna experiencia es tan buena maestra como el fracaso. Enseña porque duele. Una vez que has sido azotado por la vida, la lección permanece arraigada en tu mente. Los errores te muestran tus límites y te enseñan a ser humilde. No volverás a cometer el mismo error. Encontrarás una forma de evitar el escollo que descubriste de la forma más difícil. Como el agua de las Cataratas del Iguazú, llenarás el bache o sortearás el obstáculo y encontrarás tu camino.

¿Recuerdas cómo viste uno y decidiste hacer uno por tu cuenta? Por la forma en que superas los desafíos que se manifiestan en el camino para hacer uno, harás el tuyo propio. Esta es una buena noticia porque tienes que *hacerlo*. Si el tuyo no es mejor que el que viste o por lo menos no es competitivo con él, ¿por qué alguien debería elegir el tuyo?

Tal vez tu preparación o tu talento hagan que el tuyo sea mejor, pero lo más importante que puedes hacer es poner tu propio toque en el objeto de tu dominio. Puede que no sea mejor que el de nadie, al menos al principio, pero a través de tu personalidad, en la forma única en que navegas los desafíos y te recuperas de tus errores, darás forma a tu producto, a tu servicio, a tu negocio, a tu aventura, en algo que *tú y solo* tú puedes ofrecer al mundo.

Eso es lo que mi socia Lori y yo hicimos. Vimos que otros negocios fracasaban en lo que creíamos que queríamos hacer, e hicimos lo que los negocios exitosos habían hecho, pero con nuestro propio toque. El estilo de Harvey y Lori, inyectado con nuestras personalidades, y sazonado en nuestros fracasos únicos. Esta combinación dio lugar a una pequeña cosa llamada Trusted Medical Centers.

Enseñarlo

Después de *verlo* y *hacelo*, el último paso para dominarlo es *enseñarlo*. Una vez que estás listo para enseñar a alguien más lo que has dominado, así es como sabes que lo has dominado. No importa cuán bajo sea el nivel o el primer plano de la maestría, si puedes enseñarlo, eres su maestro. Incluso si la persona a la que enseñas sabe 8 de cada 10 y tú sabes 9 de cada 10, tú eres el maestro en comparación y estás calificado para enseñarle.

Pero enseñarlo no se trata solo de mostrar cuánto has aprendido. Enseñar algo a alguien tiene una forma de enseñarte aún *más* sobre lo que has dominado, profundizando tu nivel de dominio. Es por eso que no logras lo que yo llamo "el siguiente nivel de dominio" hasta que no hayas dado ese crucial tercer paso.

Una persona que lo enseña se convierte en un verdadero líder en su campo de dominio. Cuando lo enseñas, es cuando eres el jefe. El dueño del negocio. El empresario. El que pone su propia vela, independiente. No lo haces ordenando a los demás, lo haces enseñando a los demás lo que sabes.

De hecho, Lori y yo hemos enseñado lo que hacemos tan bien que, en ocasiones, la gente a la que enseñamos ha fundado negocios similares por derecho propio. Esencialmente, hemos entrenado a nuestra propia competencia.

Podría enojarme por esto si quisiera, o apretar y dejar de enseñar a otros, pero la verdad es que enseñar me devuelve más de lo que yo doy. Me hace mejor. Si alguien toma lo que enseño y lo "hace" suyo, incluso como competidor mío, no puedo evitar tomarlo como un cumplido!

La verdad es que no hay escasez de dinero, no hay escasez de demanda. Si ofreces el dominio del mundo, no importa cuántos competidores tengas. Los amos no se socavan unos a otros; se hacen mejores unos a otros.

Aprendiendo A Dejar Ir

Cuando hablamos de enseñar, debemos hablar de aprender a dejar ir. Ya sea que se trate de aceptar la posibilidad de entrenar a tu sustituto, entrenar a tu competidor o incluso entrenar a alguien para que se haga cargo de tus tareas diarias, dejar ir es un aspecto crítico de la maestría.

Lori y yo solíamos dirigir academias de ocho horas cada mes, enseñando a grupos de empleados sobre la cultura en

Trusted. Considerábamos que era un ejercicio valioso para poner al equipo en la misma página, construyendo la marca Trusted. Sin embargo, nos ocupaba mucho tiempo, tanto para enseñar las academias como para prepararnos para ellas.

Por mucho que nos gustara hacerlo, al final tuvimos que aceptar que nuestro tiempo estaba mejor empleado en otro lugar y aprendimos a dejarlo ir. Entrenamos a otros empleados para dirigir las academias. Escogimos a personas que se habían comprometido con el concepto, y nos devolvieron la confianza corriendo con él, profundizando en su preparación, volcándose en la presentación. Dirigieron mejores academias que las que nosotros dirigimos. El objetivo para nosotros era dar la mejor atención al paciente. Al delegar el entrenamiento de la academia a otros miembros del equipo de Trusted Medical, les encomendamos la misión de mejorar el nivel de atención en nuestras instalaciones.

Lo mejor de todo, nuestro tiempo de estancia en la academia se redujo de ocho horas a diez minutos. Hicimos breves comentarios al principio, luego vimos a nuestro Equipo de Trusted tomar la antorcha y correr con ella. Plantamos las semillas, y ahora estamos viendo crecer el jardín.

Lori y yo hemos aprendido incluso a dejarnos llevar con respeto el uno al otro. Una de las grandes cosas del dominio es que no tienes que ser el amo de todo. Como maestro de tu ámbito u oficio, encontrarás compañeros, mentores, otros que complementan tu dominio con el suyo propio, áreas en las que ellos son fuertes y tú eres débil. Los *ayudarás* con tu maestro, apuntalando sus propias debilidades.

Lori es organizada y fastidiosa, un capataz que mantiene los trenes funcionando a tiempo. Yo soy más libre y creativo. Cuando tenemos un proyecto importante en el radar, Lori se preocupa por los detalles desde el primer día. Mi estilo es más bien, "¡Estará bien! No te preocupes por eso!" Estoy seguro de que la vuelvo loca. La razón por la que estoy seguro es porque ella me *dice* que la vuelvo loca. Esto es especialmente cierto cuando, un día o dos antes de que el proyecto llegue, me pongo ansioso y me preocupo por los detalles.

—Lori —digo—, estoy empezando a preocuparme por este proyecto.

—¡Oh Dios mío, Harvey! —ella está a punto de explotar—. ¡¿He estado sudando esto durante meses, y *ahora* estás preocupado?!

No me preocupo mucho porque sé que estamos dedicados a una meta más grande que nosotros. Estamos desarrollando una mejor manera de cuidar a los pacientes y siento que todo se resolverá por sí solo. Si nos centramos en ese objetivo, los detalles se resolverán por sí solos a su debido tiempo. Nuestra misión es poner a los pacientes primero y asegurarnos de que tengan una experiencia de cuidado de la salud realmente asombrosa.

Sin embargo, por lo general, no es tan malo. Yo confío en ella para su dominio, y ella confía en mí para el mío. Resistiendo la tentación de la microgestión, la tentación de pensar que lo sabemos todo, hemos aprendido a dejarnos llevar y ser socios.

Dominar la Reinvención

Les he contado la historia de mi "tío rico" Luis y mi "tío pobre" Jorge. El tío Jorge es un ejemplo de alguien que fue derribado y nunca trató de volver a levantarse. Su padre (mi abuelo materno) había sido un exitoso hombre de negocios después de años de duro trabajo, lo que se hizo aún más difícil por el hecho de que era un inmigrante. Mientras el tío Luis iba a la escuela, el tío Jorge decidió ayudar a su padre con el negocio familiar. Se preparaban para vender el negocio para que mi *abuelito* pudiera jubilarse con comodidad.

La vida nos golpea a todos, nos arriesguemos o no. En este caso, el comprador estafó a mi abuelo y a mi tío Jorge y les robó el negocio. Fue un golpe aplastante. Mi abuelo se quedó sin un céntimo. Sintiéndose responsable, el tío Jorge se encargó de mantener a su padre, sintiendo que le había fallado. El trabajo de camarero era uno de los pocos trabajos para los que estaba cualificado, así que lo hizo... y nunca se detuvo.

Creo firmemente que tanto mi abuelo como mi tío Jorge podrían haberse reinventado, incluso después de un golpe tan devastador, pero ninguno de los dos lo hizo. El tío Jorge era muy querido en la comunidad, un gran tipo, y también un tipo divertido para estar cerca. Bebía mucho. Las mujeres lo amaban. Los hombres de nuestra comunidad lo respetaban. Tenía "inteligencia callejera" y autoridad en nuestra cuadra. Yo lo amaba. Lo admiraba. Quería ser como él.

El tío Jorge murió de cáncer de colon en la adultez, probablemente exacerbado por su estilo de vida duro y fiestero. Estaba apenado y lo extrañaba, pero ya no quería ser como él. *Ahora* quería ser como el tío Luis *y* mi tío Jorge, que trabajaban desaforadamente, planeado el futuro y ahora era un titán corporativo en la industria del petróleo. Seguramente este era un mejor ejemplo a seguir, pero también quería tener el corazón de mi tío Jorge. Él daba a los demás cuando apenas tenía algo que dar.

Siempre sonrió, siempre amó a la gente incondicionalmente. Nunca lo olvidaré trayéndonos comida cada semana para que pudiéramos comer. Tnía un corazón generoso.

A medida que crecía y encontraba mi camino, descubrí que no tenía que elegir. Podía planear el futuro como el tío Luis, pero eso no significaba que tuviera que renunciar al espíritu de diversión que absorbía de mi tío Jorge. Llevo a los dos conmigo. Aparecen de formas extrañas e interesantes cada vez que me reinvento.

Puedes dominar la reinvención del éxito. En una vida exitosa, te reinventarás muchas veces. Me reinventé a través de la escuela de medicina, el matrimonio y la paternidad, una pasantía inesperada, la creación de más de veinte empresas, un doloroso divorcio y la escuela de negocios. He sido derribado más veces de las que puedo contar, he fracasado al menos tantas veces como he tenido éxito, si no más.

Pero con el tiempo, mi maestría ha crecido y crecido con cada reinvención - un doctor, empresario, desarrollador de aplicaciones, gerente de hospital, padre o autor. No hay nadie en el mundo como yo, con mi conjunto único de dones para ofrecer. No nací así, pero la persona que vio nacer a Harvey Castro se reinventó a sí mismo varias veces para convertirse en el hombre que es hoy.

Nunca dejaré de reinventarme. Planeo ir a la escuela de leyes cuando cumpla 65 años. El Estado de Texas te permite obtener seis horas de crédito cada semestre después de cumplir los 65 años. Si sigo vivo, volveré a la escuela y aprenderé otro oficio. ¡Apúntalo!

Mi madre me ha apoyado todo el tiempo.

—Harvey —solía decir—, tienes que confiar en mí. Soy tu madre. No estoy aquí para hacerte daño, solo para ayudarte. No soy tu juez. Incluso si cometiste un terrible error, espero que te des cuenta de que podrías venir a mí y yo estaré aquí para hacer lo mejor para ti y ayudarte a ser el mejor hombre que puedas ser.

Creo que el adolescente Harvey estaría orgulloso.

Puntos Clave:

- Las ventajas del dinero o de una "buena" educación son pequeñas comparadas con la ventaja de un fuerte *Por Qué*.

- El camino hacia el dominio sigue tres etapas: *1. Verlo, 2. Hacerlo, 3. Enseñarlo.*

- Te reinventarás a ti mismo múltiples veces a lo largo de tu vida, de acuerdo con tu *Por Qué*.

A medida que te acerques al dominio, el respeto que inspiras en tu campo se disparará. Prepárate. Puede parecer imposible, pero un médico y un productor de Telemundo piensan de otra manera.

CAPÍTULO 8:
La Clave Para La Realización Personal

Estaba en mi auto camino al trabajo en Trusted un viernes cuando sonó mi celular. El número no estaba oculto, pero era local y no lo reconocí. Pensé en dejarlo en el buzón de voz, pero por capricho, presioné el botón del manos libres Bluetooth y lo contesté.

—¡Dr. Castro, hola! Es Carlos de Telemundo.

Mis cejas se levantaron. Nos habíamos conocido en un evento para recaudar fondos, o en una red de contactos, no sé, todo lo que sabía era que en algún momento había conocido e intercambiado tarjetas de visita con alguien llamado Carlos, que era productor asociado de Telemundo, la cadena de noticias en español.

—¡Hola, Carlos! —dije, un poco sorprendido. ¿Nos llevábamos bien? ¿Estaba pidiendo una segunda opinión sobre un asunto médico? ¿Su médico de cabecera le había dicho que un lunar no era canceroso pero que tenía un mal presentimiento? ¿Estaba a punto de recibir un mensaje de texto con una foto del lunar?— ¿Qué puedo hacer por usted? —yo pregunté.

—Bueno, Dr. Castro —dijo Carlos—, estamos haciendo un segmento sobre este asunto del coronavirus que está en las noticias, y necesitamos un experto que hable español. ¿Podría estar listo en nuestro estudio en una hora?

En ese momento, lo que se convertiría en la pandemia COVID-19, que aún estaba en marcha en el momento de escribir este artículo, era solo una noticia secundaria. Mis ojos se abrieron de par en par y me olvidé de Carlos y su lunar imaginario. Desde el fondo de mi corazón, maldije el viernes informal.

Trato de usar un traje y una corbata para trabajar todos los días. Puede que me ponga una bata de laboratorio, pero cuando estoy en el trabajo en modo jefe, me visto como Barney de *How I met Your Mother*.

Solía tener jefes y mentores que usaban traje y corbata todos los días. Los respetaba. Me enseñaron un número inconmensurable de cosas. Pero una parte de mí pensaba que el traje y la corbata eran un poco caros. De acuerdo, se veían increíbles, pero su autoridad no emanaba del traje y la corbata (aunque seguro que no lastimaba). Su autoridad emanaba de su dominio de la disciplina elegida.

Aún así, siempre mantuve un poco de descaro en mi corazón que era solo para mí, una pequeña rebelión privada. Un día, supe en mi corazón que sería el jefe, y que mi autoridad derivaría de mi dominio. Podía y quería usar una camiseta y unos zapatos deportivos bajo mi bata de laboratorio para nuestros turnos de noche. Mis empleados no tendrían menos respeto por mí.

Sin embargo, al subir la escalera hacia el dominio, me encontré con un traje y una corbata cada vez más. De alguna manera se me acercó sigilosamente. Me angustiaba salir de casa mal vestido, y terminaba haciendo ese nudo medio Windsor, prácticamente a mi pesar. Una vez, olvidé afeitarme un día y terminé comprando una navaja de afeitar en una tienda de regalos cercana, afeitándome rápidamente en el baño de los empleados. No podía soportar la idea de ver a los pacientes y no verme bien.

¿Por qué? ¿Pensaba que mis empleados me respetarían menos si no me la ponía? No, de ninguna manera. Me han visto cometer errores, y aún así no me han perdido el respeto. De hecho, vieron cómo aprendo y crezco a partir de mis errores. Al igual que en mi caso hacia mis mentores, mis subordinados me respetan por mi dominio, no por ninguna pretensión de autoridad que yo adopte.

No puedo decirte el alivio que esto supone, porque me libera para ser mi yo natural, para centrarme en servir a los demás, para bromear y disfrutar de mí mismo y de la compañía de mis colegas. De hecho, a medida que mi perspicacia gerencial se ha desarrollado, he tenido que aprender a moderar selectivamente mi actitud de bromista. Si no lo hago, la gente piensa que estoy enfadado con ellos cuando en realidad solo estoy bromeando.

Esto es lo que aprendí como jefe y que no entendí bien cuando llegué: mis mentores no se vestían y se adornaban con seda para mi beneficio. De hecho, la idea de que sintieran la necesidad de *impresionarme* habría sido cómica.

Y ahora que estoy en su posición o más cerca de ella, no me visto para el trabajo porque siento la necesidad de impresionar a mis empleados. Esta es una buena noticia para todos.

Es más que enorgullecerse de mi apariencia y representar la marca Trusted Medical. Llevo traje y corbata al trabajo porque *nunca sé cuando Telemundo puede llamar y pedirme que sea un experto ante las cámaras.*

Y he aquí que Carlos eligió el único día para llamar cuando me desperté en un lado alegre de la cama y decidí celebrar el viernes informal en un cálido día de primavera en pantalones cortos caqui y una camisa a cuadros. *No* estaba preparado para la cámara.

Un gran error. La cosa es que, cuanto más dominio consigas, más probable es que Telemundo llame. O la CNN, o la Fox o la MSNBC o tu afiliada local de la ABC. Solo sucede, porque la gente quiere saber lo que los expertos tienen que decir cuando el centavo cae.

Hice un giro en U en el lugar más cercano y permitido, corrí a casa y me cambié. No quería perder la oportunidad de estar en Telemundo, y no iba a salir sin traje y corbata.

¿Por qué no quería perderme mi aparición en televisión? No me pagaban por la aparición. Dando media vuelta para cambiar y luego tomando varias horas de mi día para aparecer en la televisión, me perdería las citas por las que me pagaban.

Tal vez pienses que es la fama. ¿Quién no quiere ser famoso, verdad? La vida de los famosos es perfecta. ¿Por qué no hacer un intento de ser uno de ellos?

Abre tus oídos. Los famosos nos dicen que desde la dismorfia del cuerpo de Sophie Turner, a los sentimientos de soledad de Justin Bieber, al suicidio de Robin Williams, los famosos pierden un promedio de 25 años de vida debido a la autodestrucción. Pierden su privacidad y se les pone en ridículo en público por cada uno de sus movimientos, sin nadie con quien relacionarse, con motivos ocultos en todas partes.

Siguen diciéndonos lo difícil que es, pero vemos las garras de Bentleys y Prada y no escuchamos.

Deberíamos escuchar. Si ansías o envidias a la celebridad, es lo más fácil del mundo dejarlo ir. Nos dicen que no es divertido. *Escúchalos*. La razón por la que lo hacen no es la fama, sino el amor por el oficio. La fama es en realidad una consecuencia indeseada del dominio de una artesanía muy visible y demandada.

Cuando era niño, veía a los expertos y famosos en los programas de noticias y en los programas de entrevistas de la televisión. Los admiraba. Los ponía en un pedestal, como lo hacen millones de personas.

Al mirar a las personalidades de mi infancia que se miraban a sí mismas en la televisión, ahora que he tenido mis propios roces con las celebridades personales, me di cuenta de algo sutil acerca de mi relación con esas celebridades: no se me ocurrió que millones de personas estaban mirando a esa celebridad, formando opiniones y juzgándolas.

Esos millones de personas estaban en sus propios mundos, sus propias casas, sus propios apartamentos, lejos de mí. Eran irrelevantes para mí. Yo era el único en nuestra sala de estar, viendo a esa celebridad en la televisión. Y esa celebridad me hablaba en la pantalla de la TV, y solo a mí.

¿Me emociona la idea de que pueda hablar con millones de personas a la vez? ¿Sacar mi cara por ahí, promocionando mi marca? ¿Dejar que el mundo entero se regodee en mi gloria? Creo que lo que me hizo querer estar en la televisión fue proporcionar un tipo diferente de atención médica. Sé que esto suena raro. Disfruté salir en la televisión y dar esperanza a los demás. Con todas las malas noticias relacionadas con la Covid-19, quería estar en la televisión para dar esperanza a los televidentes. La esperanza de que todo iba a salir bien.

Pero sobre todo, da miedo. Me asusta. Si hago un chiste de padres en una reunión de personal y no sale bien, tal vez unas docenas de personas estén presentes para presenciarlo.

Pero si cometo un error en la televisión regional o nacional, millones de personas pueden verlo, y luego millones más cuando se repite. Podría convertirme en un hazmerreír global y viral. ¿Quién necesita ese tipo de presión?

Entonces, ¿por qué hacerlo? ¿Por qué poner un alfiler en el trabajo de mi vida real por unos arriesgados minutos de fama?

Para el pequeño niño inmigrante que podría estar mirando, por supuesto. Para mi versión de hoy, el niño con la madre soltera que trabaja y que no sabe inglés. El pequeño Harvey de hoy está atrapado en casa con las escuelas cerradas, apenas se da cuenta de las charlas aterradoras sobre un virus que podría trastornar sus vidas o amenazar la vida de su *abuela*.

La Clave Para La Realización Personal

Ese niño merece que alguien como el Dr. Harvey Castro aparezca en la pantalla del televisor y le hable solo a él, a nadie más, con algunos hechos sin barnizar, palabras de consuelo y una actitud positiva. No sé si puedo quedar bien ante millones de televidentes de Telemundo, pero sé que puedo hablar con ese chico. Con eso en mente, mi objetivo es inspirar a la juventud y dar un mensaje positivo.

Es lo que hubiera querido si fuera ese chico en esta era de pandemia. Y si no lo hago yo, ¿quién lo hará?

Este capítulo trata sobre la retribución. Una vez que hayas encontrado tu *Por Qué* y elegido tu *Qué*, hayas empezado a subir la escalera de la productividad, hayas definido tus lentes y hayas puesto tu vista en el dominio, es hora de pensar en devolver. Y no me refiero a una vez que llegues a la cima de la escalera, me refiero a *ahora*. Incluso si estás en la parte inferior.

Si crees que no tienes nada que dar, piensa en mi madre, y en todas las madres solteras. Siempre hay algo que tienes que dar, sin esperar nada a cambio. La feliz ironía es que aquellos que dan más tienden a recibir más a cambio. Recuerda siempre dar y nunca esperes nada a cambio. Da para ayudar a los demás y sin ataduras.

¿Cuándo Deberías Empezar A Retribuir?

Trato de no darle importancia a mi voluntad de retribuir, de servir, pero surge mucho. No lo saco a relucir para presumir, sino para tratar de dar ejemplo, para mostrarle a la gente "Esto es lo que hace la gente exitosa". No lo hacemos porque seamos exitosos, somos exitosos *porque* lo hacemos".

Mucha gente extraña este matiz. Podrían decirme: "Harvey, es maravilloso que aportes tanto, pero apenas llego a fin de mes. No tengo dinero para gastar, y tampoco tiempo. Todo mi tiempo va al trabajo y a mis hijos. Cuando termine de reinventar mi éxito, cuando llegue a la cima de esa escalera a un lugar de prosperidad, *entonces* retribuiré".

Me identifico con este punto de vista, pero ellos lo tienen al revés. Para empezar, no olvides que la reinvención del éxito no es un evento de una sola vez, y la escalera no tiene un peldaño superior. El éxito no viene de una sola reinvención, sino de un *hábito* de reinvención *recurrente*. A medida que subes la escalera de la productividad, que puede ser más alta de lo que nunca imaginaste, debes saber que los peldaños más altos siempre se revelan.

Algunas personas lo llevan a un lugar diferente, pero igualmente negativo. Miran a sus fracasos pasados o a sus circunstancias actuales y piensan: "¿Quién querría lo que tengo que dar? Retribuiré cuando me vuelva más impresionante".

Estas personas que se autodesprecian, en la necesidad desesperada de un primer plano, también lo tienen al revés.

Volvamos a la noción de *pensamiento positivo*. Una gran parte del pensamiento positivo es establecer una noción de *abundancia*. La mentalidad de abundancia ve un mundo rico en posibilidades y oportunidades. Hay tanto que aprender. Hay más que suficientes promociones para ganar, títulos para ganar, negocios para empezar, y siempre, siempre, *siempre* más dinero para aprender.

Así que, ¿por qué no tomar un volante de algo que te apasiona, algo congruente con tu *Por qué*? ¿Qué tienes que perder? Si fracasas en un negocio, siempre hay otro negocio que empezar. Si pierdes un poco de dinero, siempre puedes recuperarlo.

No puedes recuperar el tiempo que pierdes por algo que no está en sincronía con tu *Por Qué*.

Considera esta sabiduría inmortal expresada por Jim Carrey, una de las estrellas de cine más exitosas y ricas de todos los tiempos, que vio a su padre perder un trabajo de 9 a 5 y luchar por alimentar a su familia. El futuro Ace Ventura aprendió de esta experiencia una de las lecciones más importantes de la vida, y la clave de la abundancia, de la reinvención del éxito: "Puedes fracasar en lo que no quieres, así que también puedes arriesgarte a hacer lo que amas".

Piensa en eso, podrías hacer lo correcto, lo *sensato*, y aún así terminarías derribado. La gente pierde trabajos y seres queridos todo el tiempo.

¿Recuerdas cómo mi madre trabajó hasta convertirse en la única técnica de ultrasonido que no fue despedida en una dura reestructuración de su división clínica? Me alegro de que mi madre haya hecho ese corte porque soy su admirador desesperado y adulador, pero piénsalo... casi una docena de *otros* técnicos fueron despedidos. A mi madre le dijeron que se cortaría y que necesitaba poder hacer otros tipos de ultrasonidos en los que algunos técnicos se especializan. Básicamente solo hacen este tipo de examen y a mi madre le dijeron que tenía que hacer esto más otros dos tipos de ultrasonidos especializados. Aprovechó una nueva tecnología para ella la cual no tenía cuando fue a una escuela llamada Youtube. Ella misma estudió y comenzó a hacer estos exámenes. ¡Se reinventó a sí misma a los 63 años! ¡No se dejó cortar!

Reinventa Tu Exito

Tal vez, como mi madre, los que se cortaron tenían un fuerte *Por Qué* que los apuntaba hacia su profesión clínica. No estoy preocupado por ellos. Probablemente se lamentaron, se sacudieron, consiguieron nuevos trabajos clínicos, y salieron aún más resistentes que antes.

Pero, ¿y si siempre habían soñado con ser cantantes, o físicos teóricos, o amas de casa, pero ese camino parecía demasiado improbable, o demasiado difícil, o inadecuado para sus talentos? Así que tomaron el camino "seguro" y aprendieron a ser un técnico de ultrasonido para encontrarse despedidos y buscando un trabajo cuando la única cosa para la que estaban calificados no encendió su pasión, no se alineó con su *Por Qué*... si es que *tenían* un *Por Qué*. ¿Qué tan desalentador *sería* eso?

Esta triste hipótesis nos enfrenta al gemelo malvado de la abundancia, la *escasez*. En una mentalidad de escasez, nunca hay suficiente. La mentalidad de la escasez se aferra a lo que tiene, incluso si a lo que se aferra es malsano como los cigarrillos o una mala relación. Se aferra al dinero, incluso si gastar más puede llevar a una vida más grande, porque un día puedes perder tu trabajo, o quedarte sin ahorros para la jubilación, o gastar tu último dólar y nunca, nunca ganar otro.

Frente a este tipo de negatividad, ¿es de extrañar que la gente sienta que no puede dar nada a cambio?

Olvida la escasez. El momento de retribuir es ahora.

Los donantes no dan cuando tienen todo el dinero y el tiempo del mundo. Las calles están llenas de gente generosa, movida a dar dinero a los desamparados, o a comprar una caja de galletas que no necesitan a una dulce niña exploradora.

Los donantes dan incluso cuando no tienen nada. E irónicamente, muchos de ellos no terminan teniendo nada por mucho tiempo.

Sobre Ese Traje...

Para una lección objetiva de una mentalidad de abundancia en acción, volvamos a ese traje que me aseguro de llevar en caso de que me llame Telemundo.

Supongamos que estoy en una tienda de ropa de hombre. Es algo que se sabe que ocurre. Supongamos que quiero comprar un traje nuevo. Podría encontrar un traje perfectamente útil en el estante por 300 dólares... o podría optar por un exquisito traje a medida, confeccionado en lona, y confeccionado en lana de alta calidad, que me costaría 2.000 dólares.

¿Debería optar por el traje que no está en el estante, y solo me quedaría con 300 dólares en lugar de 2.000?

¿O debería darme el gusto de tener $2.000 de valor, de alegría, de lujo? Si soy lo bastante fashion, quizá mi vida *mejore* en 2.000 dólares por la compra de ese traje. No seré 2.000 dólares más pobre, sino 2.000 dólares *más rico*.

Tal vez me encuentre con un director general retirado y le impresione con lo bien vestido que estoy. Cuando le pido que sea mi mentor o que invierta en uno de mis negocios, una relación que podría cambiarle la vida, queda tan encantado con mi traje de 2.000 dólares que dice que sí a pesar de ello.

Eso es hipotético. ¿Quién sabe? ¿Te estoy diciendo que uses al máximo tu tarjeta de crédito en un traje que no te puedes permitir? No. Al menos, no realmente. No puedo hacer ese pedido por ti. Todo el mundo tiene placeres culpables y alegrías privadas. Para que conste, *definitivamente* no recomiendo la bancarrota por compras frívolas.

Desde una perspectiva, mi traje de 2000 dólares podría ser una compra frívola. Pero olvidemos el traje y cambiemos un poco el juego. Detenme si has escuchado esto antes: "Quiero volver y obtener mi título, pero el dinero es escaso ahora y no sé si puedo pagarlo".

¿Y si, en vez de eso, gastaras dinero en herramientas que te ayudaran a tener éxito? ¿Como mi inversión en mi título de MBA? Para mí, es una inversión para toda la vida, más allá de cualquier aumento en los ingresos o en las habilidades de liderazgo que obtenga. Este título es el que motivará a mis hijos y nietos para que vean que continúo reinventándome, aunque parezca que lo he "logrado".

La escasez es un asesino. La austeridad es buena, pero la escasez *nunca* lo es. La austeridad reconoce una buena inversión. La escasez rehúye una buena inversión por *miedo*.

Devolver es una de las mejores inversiones. Repito, no esperes a empezar a devolver hasta que alcances algún hito arbitrario de éxito. En una mentalidad de escasez, *ningún* nivel de éxito se siente como si fuera suficiente. ¿Recuerdas a Ebenezer Scrooge?

Empieza a retribuir *ahora*. No esperes. No hay tiempo como el presente y no hay garantía de mañana. Empieza *ahora*.

El Desafío De Dios

Quiero que este libro sea accesible a personas de todos los credos, pero la base bíblica judeo-cristiana para retribuir es instructiva en el contexto de la *escasez* vs. la *abundancia*.

Si no estás familiarizado con el Antiguo y Nuevo Testamento, Dios no es muy atrevido con su pueblo. "Yo soy el que soy" es su tarjeta de presentación. Él es Dios, digno de adoración, y no tiene que probar nada a nadie.

Pero *hay* un pasaje en el Antiguo Testamento donde Dios, a través de la voz del profeta Malaquías, desafía a su pueblo a ponerlo a prueba, y es cuando su pueblo se vuelve tacaño en su entrega.

La tradición del diezmo, o la entrega de una décima parte de sus ingresos al servicio de Dios, se remonta a Abraham y Moisés. Refleja la creencia bíblica de que las riquezas del mundo no pertenecían al hombre en absoluto, sino a Dios; la humanidad solo tiene que jugar con esas riquezas por un tiempo, y el costo de jugar rápido y suelto con esas riquezas podría ser muy alto.

En la época de Malaquías, el pueblo de Dios no diezmó, y Dios le dio uno nuevo. Después de regañarles por sus míseras costumbres, Dios les arroja el guante:

"Traed todos los diezmos al alfolí y haya alimento en mi casa; y probadme ahora en esto, dice Jehová de los ejércitos, si no os abriré las ventanas de los cielos, y derramaré sobre vosotros bendición hasta que sobreabunde". Malaquías 3:10

¿Lo has entendido? Pon a Dios a prueba con tu donación y mira si no satisface todas tus necesidades. Es el único reto que Dios pone en la Biblia.

No tienes que ser una mujer o un hombre de fe para aprender la lección. Está en la Biblia porque es verdad, no al revés, o tal vez sea ambas cosas. Mucha gente fuera de la fe judía y cristiana ha intuido esta verdad y ha prosperado con seguridad. Dieron generosamente y descubrieron que mucho fue devuelto a cambio.

Toma el tradicional diezmo o el 10% de tus ingresos. Muchos cristianos *todavía* dan el diezmo. Si ganas 2.000 dólares al mes, solo regalas 20 dólares. Si ganas *200.000 dólares* al mes, das la enorme cantidad de 20.000 dólares. Lo que das responde a tus medios. No tienes que dar tanto como la persona rica antes de que seas rico, pero da lo que *puedas*.

Algunos dan más del 10%, otros dan menos. Pero la idea es la misma... dar, y dar hasta que lo *sientas*. Regalar 10 dólares cuando eres millonario no tiene sentido. No te conduzcas a la bancarrota, pero da hasta que puedas sentir el dolor. Da una cantidad de dinero tal que puedas soñar con muchas otras formas divertidas o prácticas de gastar ese dinero. Puede parecer una *locura* regalar tanto dinero, pero dalo de todos modos y mira lo que pasa.

Hagamos un poco de matemáticas. Escribe tus ingresos, y multiplícalos por el 10%. (Esto es lo mismo que dividirlo por 10).

$_____ × 10% = \$_____
  Ingresos

Según la tradición histórica del diezmo, esta es la cantidad de tus ingresos que deberías regalar. ¿Cómo se siente eso? ¿Podrías incluirlo en tu presupuesto? Si no, ¿qué tal un porcentaje menor? Mucha gente da un porcentaje menor, pero una vez que descubren la alegría de devolver y el poder de la mentalidad de abundancia que lo acompaña, terminan devolviendo el 10% o más.

Lo mejor de todo es que el dinero no es la única cosa de valor que puedes devolver. El tiempo y la experiencia también cuentan, y podrías terminar devolviendo *más* del equivalente al 10% de tus ingresos, incluso si estás quebrado, devolviendo con tu tiempo y experiencia.

Dar Por La Enseñanza

Uf. Nos perdimos en una tierra de signos de dólar por un momento. Perdón. La cosa es que dar dinero es una forma popular de retribuir, pero no es la única forma de retribuir.

Tengo buenas noticias, ya tenemos una ventaja para retribuir.

¿Recuerdas los tres pasos para dominar? Verlo, hacerlo, enseñarlo. *Enseñarlo* es un aspecto clave para retribuir.

¿Crees que no eres lo suficientemente bueno o educado, o lo suficientemente avanzado, o lo suficientemente elevado en la escala para ser capaz de dar a cambio enseñando? Piénsalo de nuevo.

Piensa en tu *Por Qué*. Piensa en lo mucho que quieres llegar al siguiente peldaño de la escalera, lo bien que te sentirás al dar un paso de acción en tu primer plano, lo mucho que lo celebrarás. Ahora alguien que sube un peldaño de la escalera te ofrece una mano. ¿Te importa que estés aceptando una mano de alguien que no está en la *cima* de la escalera? (Recuerda, no hay un tope en la escalera).

Un experto no es alguien que lo sabe todo; es alguien que sabe más que *tú*. Si tienes diez minutos más de experiencia que alguien, podrías devolverle el favor cerrando la brecha de esos diez minutos. ¡Felicidades! ¡Eres un auténtico donante!

Y no olvides *por qué* es crítico "enseñarlo". No es incidental a tu dominio, y *ciertamente* no es perjudicial para tu dominio. De hecho, *mejora* tu dominio. Enseñarlo le da matices a las cosas que enseñas. Tus "estudiantes" te harán preguntas que nunca pensaste y contribuirán con sus propias ideas, profundizando tu propia experiencia en tu disciplina. De todas las formas de devolver, enseñar puede producir los beneficios más inmediatos.

Entrena a Tu Sustituto

Ya hemos mencionado esto antes, pero algunas personas rehúyen a "enseñar" en su camino al dominio, porque les preocupa que estén "entrenando a su sustituto". Después de todo, si enseñan a alguien a hacer lo que pueden hacer, ¿qué evitará que ese estudiante se convierta en el maestro y finalmente desplace al maestro original de un trabajo?

La verdad es que nada impide que eso suceda, pero espero que puedas reconocer el "pensamiento de escasez" cuando lo veas. Recuerda, dar no te hace *más pobre*, te hace *más rico*. Enseñar *aumenta* tu dominio, lo que significa que avanzas en tu propio dominio incluso más rápido de lo que la persona a la que enseñas aumenta su dominio.

Dar conocimiento de todo corazón expande el conocimiento de todos. Si das y enseñas lo suficiente, te convertirás en un maestro tal que no podrás ser despedido. Y si algún alumno astuto te hace un *"All About Eve"*, ¿a quién le importa? Ese trabajo probablemente no valía la pena. Es un mundo abundante, con mejores y mayores oportunidades que se abren a alguien con un fuerte *Por Qué*, y alguien que da.

Volverse Congruente

Piensa en la última vez que viste Telemundo. O, ya sabes, la última vez que viste lo que sea que hayas visto.

¿Viste a algún experto en traje y corbata, entrevistado por su experiencia? Quizás parecen demasiado ansiosos por estar allí. Tal vez parece que se esfuerzan demasiado por ser inteligentes. Tal vez *saben* que están hablando con millones de personas y tienen suficiente arrogancia para pensar que están a la altura.

Felicitaciones, han atrapado a alguien que quiere ser Justin Bieber o Sophie Turner o Robin Williams, que quiere su momento de fama.

Pueden ser expertos. Puede que tengan mucho que dar... pero están contaminados por el hecho de que quieren la fama que viene con el hecho de estar en la caja de la televisión.

La verdad es que mucha gente retribuye por las razones equivocadas. En lugar de ser autodespreciativos, se autoengrandecieron. Una actitud de, "¡Mírame! ¡Mira lo genial que soy!" les supera.

En el mejor de los casos, retribuir te hace más humilde, más basado, más consciente de tus limitaciones como ser humano y de tu lugar en la comunidad en general.

Esto solo ocurre cuando das porque es *lo que eres*. A veces llamamos a esto "volverse congruente", es decir, que tus pensamientos se alinean con tus acciones. Lo puedes ver en la persona que hace una donación o presta un servicio y no se lo dice a nadie. No necesita que el mundo sepa que hizo una gran cosa; la satisfacción de devolver es la recompensa, no la atención que viene con ella.

Irónicamente, la congruencia es lo que hace a la gente atractiva y completa, abriendo las puertas de la atención rentable. Si ves las riquezas del mundo regresando a una persona que da, no sucedió porque dieron... sucede porque son *congruentes* con la idea de dar. Son *dadores*.

No Des Solo Para Recibir

De hecho, hay algo importante del jiu-jitsu en este capítulo del que quiero advertirte, fuertemente.

Considera el atrevimiento de Malaquías de traer el diezmo completo y ver qué pasa. El "ver lo que pasa" es algo complicado. Un creyente imperfecto podría tomar el desafío de Malaquías como un prospecto para el mejor certificado de depósito del mundo: "El CD de Dios". ¡Deposito el 10%, y me devuelven el 20%! ¡Magia!

El ejemplo de los filántropos de altos ingresos no siempre desalienta esta interpretación. La mayoría de las personas más ricas del mundo son grandes dadores.

Pero ver el dar como una inversión en algo que se puede *recuperar* es perder el punto. La mayoría de los filántropos más ricos del mundo se hicieron tan ricos *porque* eran dadores y dadores en un sentido diferente.

En una economía capitalista, la gente que se hace más rica es la que *ayuda* a la mayoría de la gente, no la que acapara más dinero. Jeff Bezos se convirtió en el hombre más rico del mundo al reinventar la forma en que compramos. Digan lo que quieran sobre sus prácticas comerciales monopolísticas: *todos* compran en Amazon.

Bill Gates inventó el sistema operativo informático que digitalizó el mundo entero y creó cientos de miles de puestos de trabajo mientras reinventaba o creaba indirectamente millones de otros. Elon Musk crea productos que inspiran la imaginación e impulsan la tecnología.

Estas personas no solo están ingresando dinero en cuentas de ahorro o bienes raíces (aunque hacen *algo* de eso). Invierten dinero en ideas que mejoran la vida de las personas, al menos desde alguna perspectiva. El mercado está de acuerdo con su visión, compra sus productos, y los hace ricos. Le dieron al mercado lo que quería, o lo que *necesitaba*, y aprovecharon el estado de flujo de la abundancia.

Ese es el poder de dar. No "Si doy el 10%, obtendré el 20%". Es el poder de la abundancia: "¿Qué puedo dar al mundo que ayude o cambie la vida de la mayoría de la gente, desde donde estoy ahora mismo?"

¿Cuáles son las tres razones para devolver que repercuten en ti *y que no* implican en *absoluto* lo que podrías ganar personalmente con el acto de dar?

1. _____

2. _____

3. _____

Reinventarse Como Dador

Puede ser difícil reinventarse como médico, o un MBA, o un actor ganador de un Oscar, o un corredor de maratón. Todas estas cosas dependen de mucho trabajo duro y posiblemente más que un poco de suerte. Ninguno de ellos es imposible, pero en cuanto a reinvenciones de éxito, están en el más amplio de las lentes de gran angular.

Una de las reinvenciones de éxito más fáciles de realizar es reinventarse a sí mismo como dador. No necesitas un centavo a tu nombre o un respiro de tiempo libre. Puedes empezar ahora.

Mi identidad como dador nació en la pobreza. Cuando mi madre me preguntó si quería la nueva consola de juegos, le dije que estaba bien. Ahora que miro hacia atrás, *quizá* vivía de forma congruente con su identidad de dadora, pero me dio tanto que espero que no me guarde rencor al rechazar una consola de juegos. Hice sacrificios para proteger el presupuesto familiar. Cuando tuve edad para trabajar, di mis ganancias para ayudar con los gastos familiares.

Cuando decidí que quería ser médico, fue por el deseo de ayudar a la gente. Sabía que la medicina era una profesión que históricamente ganaba mucho dinero, pero no pensaba en eso. Cien dólares era mucho dinero para mí. Puedes ganar dinero como traficante de drogas. Puedes *ayudar* a la gente como médico. Por eso valió la pena el esfuerzo y los años de la escuela de medicina para mí.

Ser médico se trata de retribuir. Las oportunidades se revelan de manera sutil. Mi amigo mencionó recientemente que uno de sus propios amigos, una mujer de mediana edad que sufría de artritis reumatoide, había empezado a mostrar síntomas que podrían ser lupus. Ella estaba desesperada por su pronóstico, pero ninguno de los doctores de su red de seguros podía verla antes de los dos meses. Le dije a mi amiga que me diera su número y le reservé una cita personalmente.

En otra ocasión, otra amiga estaba muy enferma y postrada en la cama, demasiado afectada para llegar al hospital sin la ayuda de una ambulancia. Tenía un día libre, así que me tomé la libertad de hacer una visita a domicilio.

Podría haberme escondido detrás de mis salas de espera, mis escritorios de recepción y mis portapapeles. La mayoría de los médicos lo hacen.

Pero estaba en posición de ayudar a esta gente, y me dio una gran alegría hacerlo. Millones de personas nunca recibirán una llamada a casa de un médico, o una llamada telefónica de un médico para concertar una cita. Tanta gente a la que no puedo ayudar, pero a esta gente sí *puedo* ayudarla. ¿Por qué no lo haría?

Retribuir por Gratitud

En última instancia, tu reinvención como dador no se trata de lo que te falta. Siempre te faltará *algo*. Se trata de la gratitud por lo que tienes.

Revisa el capítulo anterior donde "contaste tus bendiciones". ¿Recuerdas todas esas cosas por las que estabas agradecido, incluso cuando las cosas se pusieron difíciles? Piensa en todas ellas, y luego devuelve proporcionalmente esa gratitud.

Si la vida es buena y tienes mucho por lo que estar agradecido, da en abundancia. Si la vida es dura, y la gratitud es escasa, a muchos solo puedes devolverles un poco. ¡Pero no te limites! ¿Recuerdas a Viktor Frankl? La más pequeña gratitud en la más oscura de las circunstancias puede aprovechar las *fuentes* de generosidad. Puede que descubras que tienes mucho *más* que dar de lo que esperas... y que eres *más rico* por lo que das.

¿Cuáles son las cinco formas en que podrías dar *ahora mismo*? No en algún momento posterior, ¿sino *ahora*?

1. _____
2. _____
3. _____
4. _____
5. _____

Puntos Clave:

- Las personas exitosas retribuyen. Cada reinvención de éxito se trata en parte de reinventarse a sí mismo para ser un dador, y empezando *ahora*.

- Invierte en las herramientas que te harán exitoso, como una forma de retribuirte a ti mismo.

- No solo des para recibir, da como agradecimiento por lo que tienes y lo que tendrás en el futuro.

Retribuir es en realidad parte de una conversación más amplia en la práctica de la reinvención del éxito, la conversación sobre el *legado*. Tengamos esa conversación ahora.

CAPÍTULO 9:

Honra Tu Legado

Paso una pequeña parte de la mayoría de los días en un paseo al aire libre. Un día en mi paseo empecé a pensar en mi lápida.

Lo sé, es algo muy gótico. No soy patológicamente macabro; no romantizo mi propia muerte, y ciertamente no tengo prisa por morir. Pero me pregunto qué se inscribirá en mi lápida.

Hay mucho en lo que pensar. "¿Harvey Castro?" "¿Harvey Castro, M.D.?" "¿Dr. Harvey Castro?" Decisiones, decisiones...

¿La fecha? Bueno, olvidemos la fecha.

¿Qué hay del epitafio? Ahí es donde te pones creativo. ¿Qué tal:

Honra Tu Legado

El doctor que curó a 100.000 pacientes.

Empresario médico responsable de 100 aplicaciones médicas y de abrir 50 salas de urgencias y centros quirúrgicos.

Congresista, Cirujano General, Popular.

Autor del mejor libro de auto-ayuda de la historia.

Hijo devoto, Padre amoroso.

¿Qué tan grande es una lápida, de todos modos? ¿Cuántas cosas caben en ella? ¿Los visitantes del cementerio prefieren la brevedad? ¿Tal vez algún atractivo espacio en blanco para dar un descanso a la vista?

Podría dejar instrucciones en mi testamento sobre qué poner en mi lápida, pero eso sería grosero. Siento que debería dejarle a mis hijos algo que hacer. Ahora que lo pienso, eso me motiva a ser mejor padre para que mis hijos no me pongan una lápida sarcástica.

En cierto modo, sin embargo, es un buen ejercicio para dejar ir (como si el aceptar tu propia muerte no fuera suficiente ejercicio para dejar ir). Puedes controlar mucho de lo que pasa cuando estás vivo, pero después de que mueres, está fuera de tus manos y en manos de otros.

La verdad es que tu lápida será tu dirección durante mucho más tiempo que cualquier apartamento o casa en la que vivas. El cementerio más antiguo conocido en el mundo se encuentra en la Cueva de Taforalt en Marruecos. Se remonta a unos 15.000 a 14.000 años.

Los 34 individuos humanos conocidos que fueron enterrados en Taforalt vivieron hasta los treinta años -quizás el tiempo suficiente para tener hijos, quizás no- y luego existieron como cadáveres durante 14.000 años hasta que fueron descubiertos. Digamos que vivieron hasta los 35 años de media (no tuvieron el beneficio de que yo fuera su médico).

Ahora 35 años es el 0,25% de 14.000 años. Eso significa que estas personas estuvieron vivas durante el 0,25% de su existencia, y muertas en la Cueva Taforalt durante el 99,75% de su existencia.

¿Sabes alguno de sus nombres?

No te sientas mal. Nadie se siente mal. No hay lápidas ni registros de ningún tipo. Probablemente sabían los nombres de los demás, y sus familias, y sus hobbies, y sus logros. Pero ninguno de nosotros lo hará nunca.

Alrededor de 107 mil millones de humanos han vivido en el planeta Tierra en total. En el año 2020, alrededor de 7.800 millones de personas están vivas en este momento. Eso significa que el 93% de todos los humanos que han vivido alguna vez están muertos, y ese porcentaje es en realidad bastante bajo, considerando cómo la población humana ha crecido en los últimos 200 años. Después de la peste negra en 1350, la población humana de todo el mundo era de solo 370 millones. Hubo que esperar hasta 1804 para que la población mundial superara los 1.000 millones.

La conclusión es que vivimos un período de tiempo muy corto, en realidad solo un pequeño e insignificante punto en el reloj cósmico. Entonces estaremos muertos durante los próximos cientos o miles de años, sin importar cuánto dure la civilización humana, y más allá.

¿Qué dejarás atrás para esas futuras generaciones? ¿Algunos huesos en una cueva? ¿O una marca en el mundo que perdure?

Poniendo Las Cosas En Perspectiva

Por mucho que lo intentemos, es casi imposible vivir para siempre.

Los padres entre nosotros ven a nuestros hijos como nuestro legado. En cierto modo, estamos en lo cierto. La huella de ADN de tu cuerpo y tu cerebro está compuesta por discretos eslabones de la cadena llamada genes. Cuando fuiste concebido, los genes de tu padre y tu madre se mezclaron como una baraja de cartas, y las copias de esos genes te convirtieron en una mezcla de características y rasgos de personalidad de cada padre.

Esos genes son antiguos. Han pasado, con raras mutaciones, por una cadena ininterrumpida que se remonta a nuestros primeros antepasados humanos que caminaron por las sabanas de África hace 2,8 millones de años. Ese es un linaje ininterrumpido escrito en tu ADN. Tus hijos llevan algunos de tus genes, mezclados con los genes de tu progenitor, continuando esa cadena multimillonaria de ancestros.

Puede ser reconfortante pensar que tu legado genético seguirá vivo, pero pon tu impacto en el mundo en perspectiva. Olvídate de tus ancestros en la Sabana hace 2,8 millones de años. Olvídate de los esqueletos de 15.000 años de antigüedad en la cueva de Marruecos.

¿Sabes los nombres de tus tatarabuelos?

Tienes 16 de ellos. Probablemente vivieron a finales del siglo XIX o principios del XX, es decir, no hace tanto tiempo. La primera presidencia de Roosevelt. Períodos de tiempo en los que se produjeron movimientos sociales y políticos de los que todavía sentimos las consecuencias. Sus tatarabuelos podrían haber tomado partido en esos movimientos, o tal vez los ignoraron y solo trataron de vivir vidas pacíficas y sin incidentes. Si existen fotografías de daguerrotipos granulosos de ellos en gorros y sombreros de copa en algún lugar, en un baúl del ático, en algún archivo histórico, esas personas son tus ancestros de sangre. Solo existen porque pasaron sus genes a la siguiente generación.

¿Sabes alguno de sus nombres?

No te sientas mal. No sé el nombre de ninguno de mis tatarabuelos. Ni siquiera sé el nombre de uno de mis ocho bisabuelos.

Se acaba así de rápido. Es difícil tener una relación con alguien que no conoces en persona. Imprimimos y formamos relaciones con gente que conocemos. Podemos mirar hacia atrás con asombro a la gente de la que descendemos, pero no los conocemos realmente. Somos su legado, pero no sabemos quiénes son.

No siempre sucede así. La mayoría de los estadounidenses tienen una afinidad emocional con George Washington y Harriett Tubman, una opinión complicada sobre Robert E. Lee y John D. Rockefeller.

Esos son ejemplos dramáticos. Otros legados son más peatonales pero no menos impresionantes. En las afueras de Kaga, Japón se encuentra un hotel llamado Houshi Ryokan. Abierto en el año 718, es el negocio familiar más antiguo del mundo. Ha

Honra Tu Legado

pasado de padres a hijos en una cadena ininterrumpida durante más de 1.300 años. ¿Qué tal eso como legado?

Otros legados son más difíciles de encontrar, pero mucho más impresionantes, y están disponibles si los buscas. ¿Sabías que tú, yo y todos en el mundo probablemente le debemos la vida a un oficial de la marina soviética llamado Vasily Arkhipov?

El submarino de Arkhipov fue estropeado por una mina submarina en el Mar Caribe durante la crisis de los misiles en Cuba. Sin comunicación, convencido de que la guerra había comenzado y que morirían en desgracia si no actuaban, el comandante del submarino soviético estaba listo para dar la orden de lanzar los misiles nucleares del submarino a bordo de los objetivos estadounidenses. Los Estados Unidos habrían tomado represalias con el lanzamiento de misiles nucleares ICBM contra Rusia, seguido de un contraataque soviético, millones de muertes, el colapso de la vida tal como la conocemos y una lluvia radiactiva que podría haber matado a toda la raza humana.

Vasily Arkhipov no quería empezar una guerra nuclear donde no existía actualmente. Convenció a su comandante para que no lo hiciera, y casi por sí solo salvó al mundo.

Sin embargo, no hubo desfiles en su honor. Murió en una relativa oscuridad en 1998. Pero todos somos parte de su legado. No se despertó esa mañana y se propuso crear ese legado. Solo hizo lo que pensó que era correcto, de acuerdo con un muy fuerte Por Qué, y escribió su nombre en la historia.

No tienes que salvar al mundo para dejar un legado (aunque ciertamente no esta mal hacerlo). Pero parte de una reinvención exitosa es pensar en lo que dejarás atrás, en la marca que dejarás en el mundo, en cómo el mundo será diferente porque tú existes, ya sea que tus tataranietos recuerden tu nombre o no.

Etapas De La Vida

¿Recuerdas que dije que paso una pequeña parte de cada día pensando en mi lápida? *Definitivamente* no es todo el día. Trato de no vivir demasiado de mi vida en el pasado *o* en el futuro porque ninguno de ellos existe, al menos, no de una manera que pueda acceder a ellos. El pasado es un recuerdo, el futuro es un sueño.

Ahora mismo es todo lo que tengo para trabajar. Si contemplo el hecho de que mis tataranietos no sepan mi nombre, no me pongo a llorar. Trato de no dejar que eso me afecte demasiado, y en su mayor parte, eso no ocurre. Puedo hacer algunas cosas ahora que podrían fijar mi futuro en una cierta dirección, pero no puedo predecir el futuro o planear cada resultado. A la vida le encanta tirarte las llaves inglesas. Me han golpeado tantas veces.

Puedo tomar las mejores decisiones que puedo, pero al final no sé qué me depara el futuro. Todo lo que puedo hacer es lo mejor que puedo con mi *Por Qué* como mi luz guía. No puedo controlar lo que sucederá 20 peldaños de la escalera... pero *puedo* alcanzar el peldaño de la escalera justo delante de mí.

Cuando me tomo un descanso de la escalada para jugar en el arenero del futuro, encuentro útil dividir mis planes para el futuro en etapas. Pregúntale a mi madre... incluso cuando era niño, siempre tenía tres etapas en mente:

Las tres etapas de Harvey Castro...

Fase 1: Médico de urgencias de primera clase. Servir a mi comunidad con medicina.

Fase 2: Empresario médico, director de múltiples negocios. Servir a mi comunidad elevando el listón de la atención médica y los negocios.

Fase 3: Político (Congresista, Cirujano General, etc.), Servir a mi comunidad a través de una política pública ética.

¿No te gusta lo modestas que son mis metas? La meta para mí es servir, quiero servir de todas las formas posibles, durante todo el tiempo que pueda.

Estoy en la fase 2 ahora mismo. En mi mente, estoy llegando a la Fase 3. ¿Cómo llegaré allí? No lo sé realmente. Pero al menos lo tengo escrito. Estoy seguro de que el camino a la Fase 3 no será recto, y contendrá obstáculos y desafíos que nunca vi venir. La razón por la que estoy seguro es porque me enfrenté a obstáculos, desvíos y desafíos inesperados en mi ascenso de la Fase Cero (infancia y educación) a la Fase 1, y de nuevo de la Fase 1 a la Fase 2.

Pero todavía tengo la vista puesta en ese final, y vivo mi vida de acuerdo con él. Planeé esos pasos de acuerdo con mi *Por Qué*, y actúan como mis objetivos de "lente gran angular" de los que luego procedo a bajar el lente.

Has definido tu *Por Qué* y lo has enfocado en capítulos anteriores. Vamos a dividir tu reinvención del éxito en tres fases. Recuerda, te reinventarás constantemente mientras subes la escalera. Hoy, escribimos tres grandes reinvenciones hacia las que construirás mientras sigues alcanzando el siguiente peldaño.

No tienen por qué ser tan arrogantes como mis objetivos. No tienes que mirarme con cara seria y decir que *esperas* ser nombrado Cirujano General, a menos que lo hagas. Alguien tiene que ser Cirujano General. ¿Por qué no yo? ¿O tú? Por modesta o elevada que sea la meta, nunca se hará realidad si no la escribes y pones tus ojos en ella.

Siempre puedes cambiar tu plan de tres fases a medida que salga a la luz más información... pero con un *Por Qué* lo suficientemente fuerte, encontrarás que las metas de gran ángulo se mantienen bastante consistentes. Y mira: ¡tienes un plan de tres fases que te tiene en una constante escalera ascendente hacia el éxito!

Recuerda, las fases no solo tienen que ser sobre metas financieras. Pueden ser sobre ayudar a la gente o reparar y reconstruir tus lazos y relaciones familiares. Lo que sea que se alinee con tu *Por Qué*. Pero recuerda, el punto de un lente gran angular es pensar en grande. Para sentir el pinchazo. Para preguntarse "¿Cómo diablos puedo lograr *eso*?"

Si has establecido el objetivo de gran angular correcto, *no podrás* lograrlo mañana. Estás apuntando alto. Pero varias docenas o varios cientos de peldaños de la escalera, ese objetivo puede empezar a parecer insípido.

La diferencia entre este ejercicio y los anteriores de este libro, sin embargo, es que quiero que pienses en el *legado*. Estas fases deben ser sobre la marca que dejas en el mundo, el faro para las generaciones futuras.

Tus respuestas podrían cambiar a medida que este capítulo avanza, y eso está bien. Pero es hora de empezar a pensar en tu vida en términos de legado. No *después* de tu exitosa reinvención. La contemplación del legado es *parte* de tu reinvención exitosa y debe ser tomada en cuenta al principio.

¿Listo? Hagamos esto...

Mi plan de tres fases:

Fase 1:

_____
_____
_____

Fase 2:

_____
_____
_____

Fase 3:

_____
_____
_____

Jubilación

Mucha gente piensa en la vida en fases. Normalmente se desglosa en algo como esto:

1. Educación.

2. Profesión.

3. Jubilación.

La paternidad y la vida familiar pueden ser puestas en juego en algún momento. Este es el plano de la vida americana, el procedimiento operativo estándar. Es lo que haces si no tienes una idea mejor.

Tengo algunos problemas con este proyecto. Primero, creo que nunca se pasa de esas dos primeras fases. Nunca hay un momento, por ejemplo, en el que "terminas" con la fase de educación. Mírame, haciendo un MBA al final de mi carrera después de haber obtenido un MD. Sé que me reinventaré en las fases, y cada reinvención implicará su propia educación, ya sea formal o informal.

El otro problema que tengo con este modelo es que creo que nunca me jubilaré. Esto es una broma entre mis hijos y yo. De vez en cuando alguien les pregunta, "¿Crees que tu padre se retirará alguna vez?"

—¿Papá? —preguntan—. No puede ser. Tendrá 90 años, tratando a los pacientes en su sala de urgencias mientras se le ocurre la apertura de su próxima sala de urgencias. Hará chequeos a sus compañeros de la residencia de ancianos. Se desmoronará en una sala de juntas con inversores, apoyándose en su andador, después de sufrir un derrame cerebral gritando a los inversores que *tienen* que invertir en su aplicación de ecocardiograma porque será lo *más grande de la medicina*.

Están bromeando, pero tienen razón. Me encanta lo que hago, desde el doctorado hasta el emprendimiento y todo lo demás. Siempre estoy aprendiendo, siempre subiendo peldaños de esa escalera, siempre reinventándome. No puedo ni imaginarme detenerme. Si llego a los 90 y mis manos tiemblan y ya no puedo practicar la medicina, seguiré encontrando la forma de subir esa escalera, seguiré actuando de acuerdo con mi *Por Qué*. Porque mi *Por Qué* es mi *vida*... y mi vida no termina hasta que muera.

Esto no quiere decir que la medicina y el empresariado sean grandes profesiones. He conocido médicos que son miserables, que lo odian, que lo tratan como si estuvieran golpeando el reloj en cualquier otro trabajo sin salida, contando los días para la jubilación. La medicina es una profesión muy bien pagada y muy respetada. No se necesita un fuerte *Por Qué* para convertirse en médico. El camino es largo y difícil, pero el anillo de bronce es lo suficientemente grande - paga alta, elogios de la sociedad.

Conozco a algunos empresarios que son unos relojeros. Necesitas un fuerte *Por Qué* para tener éxito como empresario, pero algunos empresarios pierden de vista su *Por Qué*. Se vuelven adictos al dinero y a los logros, olvidan por qué lo hicieron en primer lugar, y terminan miserables, contando los días para la jubilación.

Para otras personas, la jubilación es una idea nebulosa que esperan alcanzar algún día, pero sus vidas son tan marginales que creen que no pueden permitirse el lujo de pensar en ello. Los desafíos del día tienen prioridad. Tienen tantas cuentas que pagar y tan pocos ingresos, que ahorrar para la jubilación se siente tan realista como volar a la luna. Lo sacan de sus mentes lo mejor que pueden, pero sigue siendo un circuito abierto, algo que saben que *deberían* hacer pero no lo hacen, un bajo zumbido de ansiedad enfermiza.

Sal de ese bucle. Olvídate de un retiro remoto y difícil de imaginar y piensa en la reinvención del éxito. Si sigues reinventando tu camino para subir esa escalera, el retiro comenzará a parecer *mucho* más realista, si es que *quieres* jubilarte. Debido a que mi carrera está tan alineada con mi *Por Qué*, no puedo imaginar nada que prefiera hacer en lugar de construir sobre mi carrera.

No solo soy adicto al trabajo, sino también a la emoción de la reinvención. Tengo la confianza que viene no solo de haber tenido éxito sino también de haber fracasado, y descubrí que era capaz de levantarme y volver aún más fuerte que antes.

Esperar a fracasar. Todos fallan. Aprende de tus errores y vuelve a levantarte. La vida será dura e injusta, pero puedes controlar cómo reaccionas ante la vida y cómo manejas los "fracasos" y convertirlos en algo mejor. Me encanta esta cita de una de mis series de películas favoritas. ¡Rocky! Para citar al gran sabio de nuestra época, Rocky Balboa:

Déjame decirte algo que ya sabes. El mundo no es todo sol y arco iris. Es un lugar muy mezquino y desagradable y te golpeará hasta las rodillas y te mantendrá allí permanentemente si lo permites. Tú, yo o nadie va a golpear tan fuerte como la vida. Pero no se trata de lo duro que golpees; se trata de lo duro que puedes ser golpeado, y seguir adelante. Cuánto puedes aguantar, y seguir avanzando. Así es como se gana. Ahora, si sabes lo que vales, entonces sal y consigue lo que vales. Pero tienes que estar dispuesto a recibir el golpe, y no señalar con el dedo diciendo que no estás donde estás por él, o por ella, o por nadie. Los cobardes hacen eso y tú no eres así. ¡Eres mejor que eso!

Rocky Balboa (2006)

Poner En Orden Tu Casa

El primer paso para construir tu legado es cuidar el presente. En cierto modo, es por eso que has estado ahí con este libro durante tanto tiempo. Tal vez sientes que tu vida está fuera de control y necesita un reinicio, o que has logrado algunas cosas pero sientes que podrías lograr más como si tu potencial no hubiera sido alcanzado.

Muchas personas que conozco que están interesadas en una reinvención exitosa sienten que a sus vidas les falta una o ambas cosas:

- **Dinero.** Viven de sueldo en sueldo, inseguros en su trabajo, o en su capacidad de pagar sus cuentas, y anhelan algún respiro, una sensación de seguridad financiera, e incluso libertad financiera.

- **Tiempo.** Sus responsabilidades consumen su atención 25 horas al día, dejando poco tiempo para la educación, la mejora de sí mismos, la aptitud personal, incluso para dormir. Anhelan una vida que se sienta un poco más fácil, en lugar de una que se sienta como si estuvieran haciendo malabares con huevos, viviendo con el terror de dejar caer uno.

A veces tengo la oportunidad de visitar las casas de esta gente y a menudo veo una cama sin hacer, un fregadero lleno de platos, un suelo que no ha visto una escoba en un tiempo.

No menciono esto para regañarlos. Lo entiendo. Cuando cada hora del día está reservada, cada hora dedicada a buscar dinero para llegar a fin de mes, lo esencial a veces desplaza a lo no esencial. Estaría mintiendo si dijera que mi cama siempre está hecha.

El problema con una casa que está fuera de servicio, sin embargo, es que crea una sensación de ansiedad subyacente. Si no tienes tiempo para hacer tu cama, *definitivamente* puedes ser perdonado por sentir que no tienes tiempo para subir el siguiente peldaño de la escalera de la reinvención del éxito.

Sin embargo, sugiero que te olvides de la escalera por un segundo y pongas tu casa en orden. Empieza con algo pequeño. Empieza por hacer tu cama un pequeño éxito al principio de cada día. Tal vez nadie te vea hacerlo, tal vez nadie lo sepa, pero *lo sabrás*, y será bueno para tu moral. Hará que tu mente esté un poco más ordenada y lista para abordar esa escalera.

Ni siquiera tienes que hacer la cama tú mismo. Enséñale a uno de tus hijos a hacerla a cambio de una pequeña recompensa. Haz que tus hijos se convenzan de tu reinvención del éxito. Yo estaba totalmente convencido de la reinvención del éxito de mi madre. Nunca me lo pidió, pero con gusto le hubiera hecho la cama si eso significaba que podía ayudarla a subir de nivel en la vida. No solo la amaba tanto, sino que sabía que la marea creciente me levantaría también.

Si no hay nadie más disponible para hacer la cama que tú, este es un buen momento para practicar el desprendimiento.

¿No tienes suficiente tiempo en tu día? Renuncia a algo en tu día. Preferiblemente algo que no sea particularmente bueno para ti, como la televisión o los videojuegos; o posiblemente algo que hagas por tus hijos pero que realmente sea más para que te sientas como un mejor padre. Los mejores padres tienen su casa en orden, y los niños se benefician.

Algunos gurús recomiendan levantarse más temprano para hacer la cama. No soy un fanático de esos consejos, porque en realidad creo que el sueño es más importante. Mucha gente ocupada no duerme lo suficiente, pero el cerebro hace algunos de sus trabajos creativos más importantes mientras duerme.

Prefiero soltar parte del equipaje que he estado llevando para hacer espacio para las tareas no esenciales pero importantes de mantener mi casa en orden.

Una casa ordenada es más grande que lo literal. No es solo una cama hecha y un piso barrido. También es:

- Suficiente tiempo en el día para hacer todo lo que está en tu lista de tareas.

- Un cuerpo sano que está a la altura de las tareas que se le presentan.

- Seguridad financiera que elimina el dinero de tu lista de ansiedades.

- Un sistema de apoyo de amigos y familiares en el que puedes confiar.

No tienes que atacar a todos ellos a la vez. Escoge uno que parezca el más manejable, empieza por ahí, y pasa al siguiente cuando estés listo.

Si quieres liberar tiempo, haz algunos objetivos de cerca para ponerte en camino de hacerlo. Encuentra algo de tiempo (lo sé, pero oye, ¡un buen primer paso pase lo que pase!) y haz una lista de todo lo que te llame la atención a lo largo del día. Busca algo que puedas eliminar sin destruir tu calidad de vida, o que puedas contratar a alguien para que lo haga. Puede que el dinero ya parezca escaso, pero el respiro de tu agenda podría valer la pena. Más tiempo podría ser la clave para una reinvención exitosa que haga que el gasto de contratar a alguien parezca insignificante. Recuerda: ¡la visión general!

Si quieres revitalizar tu cuerpo, ponte unos objetivos deportivos. Mucha gente fracasa en sus planes de dieta y ejercicio porque intentan dejar el consumo de azúcar de golpe y correr un maratón el primer día. ¡Qué *sorpresa* que no puedan mantener esto! Recuerda, *lente de primer plano*. Empieza en pequeño, tal vez dejando de poner azúcar en tu café, o reemplazando un bocadillo poco saludable por uno saludable. Comienza con una caminata de 10 minutos todos los días. ¿No es suficiente tiempo? ¡Empieza por liberar tiempo! Si es necesario, doy paseos alrededor del edificio, programando mis llamadas alrededor de esos paseos. Me esfuerzo por dar mis pasos. Sí, me han visto caminar con mi traje y dar 5.000-10.000 pasos por la oficina. Eso es entre 2.5 y 5 millas. Si quieres algo, harás lo que tengas que hacer para conseguirlo.

Si tu casa necesita seguridad financiera para ponerse en orden, empieza con la educación. Lee libros sobre finanzas personales y administración del dinero. Te darán un millón de consejos, los cuales parecen quitarle toda la diversión a la vida. Otra vez, ¡pasos de bebé! ¡Lente de primer plano! Implementar una sugerencia. Y recuerden ser sensibles cuando sea el momento de *gastar* dinero para *ganar* dinero. Deja de pellizcar centavos y paga la matrícula de un curso que *sabes* que te haría más vendible a los empleadores, digno de un salario más alto. Busca las materias primas que *sabes* que podrías convertir en un producto vendible.

Si tu casa necesita mayor apoyo para estar en orden, trabaja en perdonar a los amigos o parientes que te hayan agraviado, y busca el perdón de aquellos a los que has agraviado. Los rencores y la culpa son como los Volkswagens que llevas contigo, bien vale la pena el esfuerzo de dejarlos.

Si no encuentras perdón o una relación que sigue siendo tóxica, aprende a dejarla ir. Incluso un pariente consanguíneo puede no tener lugar en tu vida si te envenenan con negatividad. Déjalos ir y cultiva las relaciones que te nutren. Objetivo cercano: hacer *una* llamada telefónica, una llamada que has estado evitando o posponiendo, para arreglar una relación que se ha marchitado.

Hagamos algunos objetivos de cerca:

¿Cuáles son las tres cosas que puedes empezar a hacer hoy para poner tu casa en orden?

1. _____

2. _____

3. _____

¿Cuáles son las tres cosas que puedes dejar de hacer para liberar tu mente y empezar a poner tu casa en orden?

1. _____

2. _____

3. _____

Formas De Dejar Un Legado

Mucha gente piensa en un legado en términos de bibliotecas universitarias o alas de hospitales que llevan el nombre de un generoso donante de millones de dólares. Se siente tan fuera de alcance como para ser casi hilarante.

Como dije, un legado no tiene que ser tan dramático. Hay tantas maneras de dejar una marca en el mundo. Puedes...

Construir un Imperio

No es nada dramático, ¿verdad?

En serio, sin embargo, no tienes que fundar un Apple o Berkshire Hathaway, o incluso una cadena de Urgencias. ¿Pero podrías empezar un negocio que se quede en la familia o que se convierta en una franquicia? ¿Podrías comprar una casa que algún día podrías alquilar, y luego refinanciar para comprar más casas y comenzar un imperio inmobiliario en el que tus hijos podrían desarrollar?

Recuerda, el negocio familiar más antiguo es un hotel. Hay muchos hoteles exitosos, pero este tiene 1.300 años de adquisición por cada generación sucesiva.

Ser un Mentor

Si haces de la reinvención del éxito un estilo de vida, tendrás la oportunidad de ser asesorado por muchas personas exitosas. Llegará un momento en el que tendrás el privilegio de pagar por ello.

No tienes que dar tu tiempo y atención a *todos* los que lo exigen. Siempre tendrás que tener cuidado con los vampiros energéticos que quieren aferrarse a tu éxito y chuparte hasta dejarte seco. Pero los jóvenes con esa chispa, ese *Por Qué*, que tocan tu corazón y resuenan con tu propio *Por Qué*...

Para ellos, tendrás la oportunidad de ser lo que siempre has deseado que alguien pudiera ser para ti: un ejemplo, una luz guía, una fuente de sabiduría sabia y de aliento, una lección objetiva del hecho de que *pueden* hacer esto porque tú lo hiciste y crees en ellos.

Transmitir Lo Que Has Aprendido

Sí, esa es una línea de Yoda del *"Retorno del Jedi"*, pero la sabiduría se sostiene. El conocimiento es un legado aún más duradero que el dinero. Tus hijos pueden gastar toda tu fortuna, pero las lecciones que impartes al mundo perduran.

Con suerte, enseñas a tus hijos lo suficientemente bien, y ellos enseñan a *sus* hijos lo suficientemente bien, para que preserven tu legado en lugar de echarlo a perder en coches caros. Sin embargo, la sabiduría que se obtiene de las múltiples reinvenciones de éxito es oro.

Puedes señalar a las generaciones futuras los caminos que tú has trazado. Puedes ayudarles a evitar los errores que cometiste, para que puedan cometer *todos los nuevos* errores y luego pasar esas lecciones a la siguiente generación por derecho propio, una cadena ininterrumpida de virtudes que hace que los genes parezcan aficionados.

Incluso puedes escribir tu propio libro algún día. Tienes mi permiso para arrancar algunas de las lecciones que yo cociné en él, siempre y cuando mezcles algo de la sabiduría *que recogiste* de tu experiencia en primera persona de vivir una vida exitosa, una vida de constante reinvención.

Cuanto Más Das, Más Recibes

Volvamos al cementerio por un momento. Sí, sé que es morboso, pero juro que hay una razón. Es importante.

No sé qué pondrán mis hijos en mi lápida, pero si leen este libro, al menos sabrán cuál habría *esperado* que fuera mi epitafio:

Harvey Castro

Vivió una Vida de Entrega

Puede que no siempre esté a la altura, pero ese epitafio se alinearía con mi *Por Qué*. El valor de dar ha informado cada etapa de mi viaje, cada escalón de la escalera, cada etapa que mi vida ha atravesado.

Me convertí en médico para ayudar a la gente a vivir una vida más sana y sin dolor.

Me convertí en empresario para impulsar la profesión médica para que pudiera ayudar a *más* gente y para crear trabajos para la gente, para poder ayudarles a pasar a la siguiente etapa de su propia carrera.

En caso de entrar en la política, será para dirigir la política pública de manera que ayude a la mayoría de la gente.

Cuanto más he dado, más he recibido. Cuanto menos he pensado en mis propios ingresos o en mi propia popularidad, más me he centrado en a quién podría ayudar hoy, qué podría devolver hoy... más dinero he ganado, más respeto me he ganado, y lo mejor de todo es que me he sentido mejor.

Retribuir me ha permitido sentirme como un éxito, incluso cuando he fracasado. Con el dar como mi *Por Qué*, fui capaz de recuperarme incluso de lo que parecían ser fracasos catastróficos, porque al final del día no se trataba de mí.

Se trataba de mi madre y mi tío Jorge. Era sobre Juan, mi ex-esposa, mis hijos, era sobre Lori y mis empleados y mis mentores, los aspirantes a magnate que he conocido y los que están leyendo este libro ahora mismo.

En cierto modo, retribuir es el único legado, ya sea una donación lo suficientemente grande como para renombrar un ala del hospital, un libro que millones de personas leerán... o un libro que *una* persona leerá y se decidirá a empezar a hacer su cama por la mañana.

Fe

Creo en Dios. Sé que no todo el mundo lo hace, y eso está bien. No tienes que creer en Dios para reinventarte o subir la escalera del éxito. Pero seguro que ayuda creer en *algo*.

Algo que nos une como una familia humana. Algo que te susurre al oído que es correcto echar una mano porque una vez *necesitaste* una mano y un día pronto necesitarás otra.

Algo que pone todas las vidas -la de tus tatarabuelos, unos huesos secos en una cueva de Marruecos- en el mismo campo de juego de valor absoluto y potencial ilimitado, oportunidades ilimitadas de éxito y reinvención ilimitada.

La fe en Dios me ayuda a entender que todo sucede por una razón, cada acción que tomo tiene un contexto, y cada persona que conozco es digna. La gente a veces me pregunta por qué no me estreso o enloquezco ante un gran desafío o riesgo. Mi respuesta es que creo en Dios y lo pongo todo en la cruz. Esto me da paz. Mi valor no está en mis títulos, sino en mi fe de que soy un hijo de Dios. Porque tengo fe en Dios, también tengo fe en ti, el lector que ha estado conmigo tanto tiempo.

Soy humilde en cuanto a mi lugar como una pequeña persona en un vasto mar de 7.800 millones de personas que viven hoy en día, 107.000 millones de personas que han vivido alguna vez, en este planeta para hacer lo mejor que pueda para que el pequeño grano de arena de reloj de arena que es mío viva.

Estoy agradecido a mi madre, que me dio tanto e incluso a mi padre, que me causó tanto dolor. Su valor y potencial vive en mis genes. Tenían su propio lugar en el plan de Dios para mí.

Espero dejar un legado que dure mucho tiempo, pero sé que la realización está en gran parte en manos de un poder mucho más alto que yo. Así que por el momento, impartir algunos valores a mis hijos, tal vez inspirando a un lector de este libro con la voluntad de lograr una reinvención exitosa, es más que suficiente para mí.

Después de todo, ahora es el único momento en el que tenemos que trabajar. Nunca habrá un momento mejor que el presente.

Puntos Clave:

- No necesitas una estatua erigida a tu nombre para dejar un legado. Los legados son algo más que dinero y poder, se trata de cómo mejorar la próxima generación, incluso si no recuerdan tu nombre.

- No te preocupes demasiado por tu legado. Si haces lo mejor que puedes y sigues tu *Por Qué*, tu legado se cuidará solo.

- Ten fe... ¡puedes hacerlo!

CAPÍTULO 10:

La Fuente de mi Inspiración

¡Sorpresa! ¡Soy yo, Nydia García, la madre de Harvey! Soy prácticamente la estrella de este libro, así que Harvey no podría haberme dejado fuera de él si lo hubiera intentado. Estoy aquí para dejar las cosas claras y corregir todas las falsedades de las historias de Harvey sobre mi vida y la suya.

Es una broma. Harvey hizo un trabajo increíble. Pero si me permite ampliar algunas de las historias que contó, creo que muchos lectores, especialmente las mamás y los padres solteros, encontrarán un significado más profundo en algunas de ellas.

Cuando tenía siete años, mi familia de acogida me pilló subiendo al tejado de la casa en la que todos vivíamos. La familia tenía otros cinco hijos y un padre veterano del ejército colombiano. No había amor o sentimientos en esa casa, solo reglas y estructura.

Mi castigo fue perder mi cabello. La esposa de la familia me cortó mis largos mechones en medio de la noche, y luego me ordenó que me quedara inmóvil a la mañana siguiente mientras me afeitaba la cabeza.

Bailar era una gran parte del programa de educación física de las escuelas primarias de Colombia. Me encantaba bailar. Pero cuando llegué a la escuela con la cabeza afeitada, me sentí desnuda. Todos los niños se reían de mí. Cuando llegó el momento de bailar, en lugar de participar en la actividad que alimentaba mi alma, me escondí.

¿Por qué vivía con una familia de acogida, en lugar de con mi madre, mi padre y mis hermanos? Porque cuando era una niña pequeña, mi madre nos dejó a todos.

Mi padre era dueño de una barbería, y mi madre tenía un salón de belleza en la trastienda de esa barbería. Recuerdo muchas tardes felices sentada en el sillón de belleza de mi madre mientras me lavaba, cepillaba, cortaba y rizaba el pelo. Cuando mi pelo fue usado como castigo, fue como si la última conexión que tuve con mi madre se hubiera cortado.

Pero mi madre conoció a otro hombre y decidió dejar nuestra familia para casarse con él y empezar una nueva familia. Mi padre era un buen hombre. Le rogó que se quedara. Sabía que su matrimonio con ella había terminado, pero esperaba que se quedara por el bien de los niños. No confiaba en sí mismo para hacer una carrera y criar niños pequeños, especialmente como hombre con una hija.

Reinventa Tu Exito

Pero mi madre era mucho más joven que él y estaba encaprichada con su nuevo prometido. Ella nos dejó. La solución de mi padre fue mudarse a América, la tierra de las oportunidades, para intentar repetir su éxito en los negocios en un país donde el cielo era el límite. Así que mi madre encontró una familia con chicos para llevar a mis hermanos, y una familia con chicas para llevarme a mí, la familia de los afeitadores de cabezas.

Cuando tenía trece años, mi padre finalmente llamó a sus hijos para que vivieran con él en los Estados Unidos. Era un 30 de abril cuando aterricé en el aeropuerto de mi nueva casa. Estaba nevando. Colombia es un país tropical. Nunca había visto la nieve.

Los programas de inglés como segundo idioma no eran comunes en las escuelas, así que fui a mi primer día de escuela media en los Estados Unidos sin hablar ni una palabra de inglés. Todos en la escuela eran tan amigables, pero casi deseé que fueran mezquinos. Todos querían hablar conmigo, pero yo no sabía lo que decían, y no podía responder. Mantuve la cabeza gacha y casi no tenía amigos mientras luchaba por aprender el idioma y aprobar las notas. Quería desesperadamente volver a casa, a Colombia. Habría dado mi pelo.

Mi padre tenía un éxito modesto en los negocios, pero para llegar a fin de mes vivía en un vecindario temible. Tenía miedo de jugar fuera de nuestro apartamento, por temor a ser blanco de los traficantes y asaltantes de drogas. Mi padre tenía una nueva esposa, que era muy estricta y controladora. Cuando tenía 16 años, me presentó a un hombre veinte años mayor que yo. Dijo que quería casarse conmigo y que yo debería hacerlo.

Solo para salir de la casa, lejos del vecindario temible y de la madrastra malvada, le dije que sí.

Nos casamos rápidamente y pronto me quedé embarazada de Harvey. Mi marido siempre estaba fuera bebiendo y festejando con sus amigos, dejándome sola para hacer frente a mi embarazo y luego para criar a nuestro bebé. Empecé a sospechar que era un psicópata. A veces abusaba de mí, pero la gota que colmó el vaso fue cuando pateó a Harvey. Harvey solo tenía seis meses, e hizo algo para molestar a su padre. Ni siquiera recuerdo qué fue, y no importa, era un bebé. Nunca olvidaré cómo mi marido echó el pie hacia atrás y pateó a nuestro bebé. Eso fue todo. Se acabó.

Esa misma noche, mientras mi marido estaba fuera, registré la casa. Mi futuro ex-marido era emprendedor y siempre tenía dinero por ahí. Reuní todo el dinero que pude encontrar y luego llamé a mi mejor amiga, cuyo marido tenía un camión de 18 ruedas. Le ofrecí un poco de dinero, y él vino a nuestro apartamento y me ayudó a cargar todos los muebles. Llevaba a mi hijo y los muebles para ponerlos a salvo.

El único problema era que no tenía ningún lugar a donde ir. Mi padre ya no vivía cerca, pero alquiló un almacén donde guardaba parte de su inventario. Le llamé y le rogué que me dejara entrar en el almacén. Compadeciéndose de mí, envió a un superintendente para que me dejara entrar en el almacén. Con la ayuda del marido de mi amiga, metí todos los muebles en el almacén.

Para entonces ya eran las 11 de la noche. Era demasiado tarde para intentar encontrar una habitación con un bebé. Mi única opción era pasar la noche en el almacén. Hice una pequeña cama para Harvey con cojines y ropa, y se durmió inmediatamente.

No tuve tanta suerte. El almacén era grande pero no tenía ventanas. Estaba muy oscuro, pero podía sentir el tamaño del lugar, ofreciéndome lo opuesto a la claustrofobia, una sensación de estar expuesta, vulnerable. Empecé a preguntarme si las ratas o las cucarachas frecuentaban este almacén en plena noche. Aterrorizada, encontré una caja de cartón plegada sobre la que acostarme para tratar de elevarme del suelo. Sintiéndome todavía demasiado cerca del hormigón, apilé más cajas de cartón una encima de la otra. Y luego aún más cajas. Terminé en una pila de cajas de cartón de casi un pie de altura, pero aún así sentí que las ratas y los insectos me agarrarían. No pegué un ojo esa noche.

A la mañana siguiente, salí con el bebé Harvey y encontré una habitación donde pudiéramos quedarnos. Luego, me puse en camino para encontrar trabajo. Cuidaba de los ancianos, hacía trabajos ocasionales, lo que pudiera para pagar el alquiler y la comida. En mi tiempo libre, asistí a las clases de equivalencia de la escuela secundaria y obtuve mi certificado de estudios secundarios. Este fue el comienzo de mi largo, desafiante, pero gratificante camino como madre soltera.

Quizás podría haber ido tras mi ex-marido por la manutención de los niños, pero lo hizo imposible cuando demostró su voluntad e intención de secuestrar a Harvey. Cuando Harvey tenía seis años, hizo justo eso. Un día, Harvey no volvió a casa. Recibí una llamada telefónica y una voz femenina al otro lado de la línea me dijo: "Harvey está con su padre ahora, donde pertenece. No vengas a buscarlo". Fui a la policía, pero me dijeron que tenían cosas más importantes de las que preocuparse que un niño bajo la custodia de su padre.

Estaba afligida por el dolor. Durante varios días merodeé por las calles alrededor de la escuela de Harvey, sin poder pensar con claridad mientras lo buscaba frenéticamente. Después de unos días, sin embargo, pude pensar en mi camino a través del dolor y formulé un plan para tratar de encontrarlo. Había un número limitado de escuelas primarias en Nueva York. Reorganicé mi horario de trabajo y empecé a visitar las escuelas por la mañana, a la hora del almuerzo y después de la escuela. Recluté a mi querida mejor amiga y a su marido con el camión de 18 ruedas para que pudiéramos cubrir el doble de terreno.

Iba antes de que la clase empezara para ver a los niños entrar en la escuela. Luego iba a otra escuela en el recreo de la mañana para buscarlo en el patio de la escuela. Luego iría a otra escuela primaria y vería a todos los niños jugando a la hora del almuerzo. Volvería a ver otra escuela durante el recreo de la tarde. Por último, iría a otra escuela cuando las clases salieran para ver a todos los niños que salieran de la escuela.

Lo hacía de lunes a viernes, trabajando por la noche y los fines de semana. Eventualmente, después de vigilar varias escuelas primarias, lo encontré.

Estaba tan feliz y sorprendida el día que lo vi salir de una de las escuelas. La mujer de su padre le estaba cogiendo de la mano cuando me acerqué a cogerlo. Se agarró con fuerza y no lo soltó, clavando sus uñas en su mano. Harvey todavía tiene cicatrices en su muñeca por las uñas de ella. Pude llevarlo a nuestro coche de escape, que era un camión semi-remolque de 18 ruedas.

Harvey fue secuestrado por su padre durante unos cuatro meses. Había crecido tanto en ese corto tiempo, que su cabello era diferente. Prácticamente parecía una persona diferente. Aunque estaba muy emocionada de tenerlo de vuelta, me costó un poco acostumbrarme.

Pero decidí entonces ofrecerle un hogar diferente del que yo había crecido, donde me habían afeitado el pelo como castigo. Dondequiera que viviéramos, mi casa sería una casa de amor y yo sería el mayor fan de mi hijo y su más fuerte impulsor.

Nos mudamos lo más lejos posible del padre de Harvey. Cobrar la manutención de los niños estaba fuera de discusión. Quería tener el menor contacto posible con él, para que no intentara secuestrar a Harvey otra vez.

Nunca he entendido a las madres que dejan a sus hijos. La idea de dejar a mi Harvey me hace pedazos. Cuando la única escuela secundaria a la que podía enviarlo era violenta e infestada de drogas, lo envié a vivir con mi primo en Bogotá. (Muchos estadounidenses bromean sobre el envío de un niño a Colombia para alejarlo de la violencia y las drogas, pero no conocen mi hermoso país. ¡Visita Colombia!)

Así que Harvey vivió en Bogotá durante un año. Cada día era como una tortura. Deseaba tanto estar con él, así que lo traje de vuelta y llené los papeles de inscripción de Harvey usando la dirección de mi primo para que entrara en un mejor instituto.

La Fuente de mi Inspiración

Había médicos en la familia de los primos con los que Harvey se quedó cuando vivió en Bogotá en su adolescencia. Harvey regresó a los Estados Unidos con un fuerte anhelo de convertirse él mismo en médico. También había aprendido a leer y escribir en español y había crecido tanto, tan rápidamente. Era tan independiente, capaz de mantener un trabajo, tomar autobuses por toda la ciudad, todo.

Estaba tan orgullosa de él y quería que él estuviera orgulloso de mí, así que empecé a pensar en hacer una carrera para mí, no solo para ganarme la vida, para ser un ejemplo para la carrera que sabía que él tendría. Trabajaba como recepcionista en una clínica ortopédica. Me agradaba mi jefe, pero estaba nerviosa al pedirle que reorganizara mi horario para continuar mi educación y avanzar en mi carrera.

Aún así, tuve que pedirlo en algún momento o nunca sucedería, así que lo hice. Estaba preparada para que el director de la clínica me despidiera, diciéndome que necesitaban a alguien que se ocupara del escritorio, y que si no estaba disponible durante las horas que me necesitaban, encontrarían a alguien que sí lo estuviera.

Me quedé completamente sorprendida. El director de la clínica estaba encantado de que yo estuviera interesada en mejorar mi carrera.

—Puedes convertirte en técnico médico en un corto período de tiempo si tomas clases nocturnas y estudias mucho —me dijo—. ¿Te gustaría ser una especie de técnico de laboratorio?

—No lo sé —dije, asombrada. Ni siquiera esperaba que la conversación llegara tan lejos sin que me pidieran que empacara mis objetos personales en una caja de cartón.

—Bueno —dijo el director—, cuando estés lista para el descanso, da un paseo hasta el laboratorio y saluda a los técnicos. Míralos trabajar. Mira lo que te atrae.

¡Bueno, eso salió mejor de lo esperado! Emocionada, me tomé un descanso para tomar café e hice lo que me sugirió. Bajé a los laboratorios y me presenté a los técnicos. Vi lo que hicieron y decidí desde el principio que no quería pasar el día clavando agujas en los brazos de la gente y sacando muestras de sangre. Me sentí un poco mareada. Aunque era una madre para un chico y no era fácil de asquear, tampoco tenía ganas de pasar el día manipulando frascos de orina.

No creía que fuera demasiado buena para realizar estas importantes funciones de la profesión médica. Pero luego me convertí en una mosca en la pared mientras un técnico realizaba un ultrasonido pélvico a una mujer embarazada. No había visto uno desde mi propio embarazo, pero la emoción me golpeó de nuevo: el primer vistazo de un bebé en el útero, revelado como por arte de magia por las ondas de sonido reflejadas, el latido fetal imposiblemente rápido amplificado por el estetoscopio electrónico.

Empecé a buscar clases que pudiera tomar para calificar para ser técnico de ultrasonido. Mi corazón se hundió. Había clases nocturnas, pero chocaban con mi turno de domingo en la clínica, un turno que sabía que era el único libre para cubrir.

Preparé mi caja de cartón una vez más para mis objetos personales y le dije al director de la clínica que había elegido una habilidad técnica en la que quería entrenar, pero ya no podía cubrir mi turno de domingo.

Me sorprendió de nuevo.

—Bueno —dijo—, entonces supongo que tendremos que cerrar la clínica temprano los domingos.

No podía creerlo. Mi jefe reorganizó todo el horario de su clínica para hacer tiempo para mi clase. Eso puede que no ocurra siempre. No todos los jefes serán tan comprensivos. Pero nunca está de más preguntar. Creo que muchas de las personas que conoces en la vida son buenas y quieren ayudarte, quieren ver que te vaya bien.

Así que me convertí en técnico de ultrasonido. Hice ecografías generales, y cuando el hospital para el que trabajaba decidió fusionar los departamentos de ecografías generales y de ecografías vasculares, aprendí a hacer ecografías vasculares de los videos de YouTube para poder mantener mi trabajo. Practiqué la ecografía con Harvey cuando era un adolescente. Le pareció muy divertido.

Desde lo que parecía un comienzo desastroso, había cambiado la vida a mi favor, lo que Harvey llama una "reinvención del éxito".

Había sobrevivido al abandono de mi madre, a la cabeza rapada por mi familia de acogida, a una madrastra malvada, a las calles peligrosas, a ser una extraña en un nuevo país sin conocimientos del idioma local, a un marido abusivo, a una maternidad soltera y a hacer malabarismos con la escuela y los múltiples trabajos, y había salido fortalecida por el otro lado. Mi carrera estaba en alza. Harvey estaba en la escuela de medicina. Por supuesto, fue entonces cuando me diagnosticaron cáncer.

Creo que nunca me he sentido tan deprimida -ni cuando Harvey fue secuestrado por su padre, ni cuando Harvey vivía en Colombia- nada en comparación con el diagnóstico de cáncer de garganta y de lengua. Harvey quería que lo viera obtener su diploma de médico. Quería ver que eso sucediera, más que nada de lo que había querido en mi vida. ¿Me lo perdería ahora, porque no viviría tanto tiempo? La idea de que lo viera desde el cielo no me reconfortaba.

Estaba furiosa. Furiosa con la vida, furiosa con Dios, furiosa con mi salud, con todo. Durante varios días caminé con una rabia al rojo vivo. Justo cuando todo parecía ir bien...

Pero entonces la rabia y la pena pasaron, como cuando Harvey fue secuestrado. Los sentimientos no desaparecieron, pero fui capaz de *pensar* y armar un *plan*.

Primero, supe que tenía que enfrentar este desafío sin la ayuda de mi fuente clave de alegría y nutrición emocional: mi hijo Harvey. Estaba en la escuela de medicina. Esta era su gran oportunidad. Tenía que mantenerse concentrado.

Lo había visitado con frecuencia antes de mi diagnóstico, pero una vez que comenzó mi tratamiento, dejé de visitarlo. Inventaba excusas: estaba resfriada, estaba demasiado ocupada, el clima era malo, el lavabo estaba roto, cualquier cosa que se me ocurriera. Harvey se ponía cada vez más nervioso, extrañaba a su madre y buscaba soluciones para mis excusas, amenazando con atraparme en mis mentiras. Odiaba mentirle a mi hijo.

Finalmente, después de seis meses, me sorprendió, saltándose una clase para volver a casa el fin de semana. Se sorprendió al verme. Mi pelo había desaparecido. Había perdido casi la mitad de mi peso corporal. Mis cuerdas vocales estaban dañadas por la radiación y la quimioterapia, dejándome con apenas un susurro de voz. Estaba luchando contra el cáncer con uñas y dientes, pero sobre todo sin ningún tipo de aviso previo, debe haberle parecido a Harvey que el cáncer estaba ganando, mano a mano.

No podía seguir mintiendo. La evidencia estaba justo frente a sus ojos. Le dije a Harvey lo que estaba pasando. Tan enojada como estaba con Dios, Harvey estaba molesto conmigo por mentirle. Habíamos prometido contarnos todo y estar ahí para el otro.

—¿Cómo no me dijiste que tenías cáncer, mamá? —me preguntó—. ¿Cómo? ¿Cómo?

Finalmente, se calmó, se sentó a mi lado y me abrazó.

—Dejaré la escuela, mamá —dijo—. Volveré a casa y conseguiré un trabajo. Cuidaré de ti, mamá, como tú cuidaste de mí. Te debo eso porque diste todo por mí.

Conozco a mi chico. Sabía que así reaccionaría. Por eso no quería decírselo.

Me sacudí de su abrazo y me levanté, con fuego en mis ojos saltones. Harvey era tres veces más grande que yo en ese momento, pero las buenas madres saben cómo dominar a sus hijos pequeños, no importa lo grandes que sean, y Harvey retrocedió obedientemente. Reuní la voz que tenía, apenas un graznido, y lo solté:

—De ninguna manera, nunca. No lo harás. No vas a hacer eso. Si dejas de ir a la escuela, eso realmente me va a matar. El cáncer no me va a matar, me va a matar al no ver que estás persiguiendo tu sueño. Vas a continuar y yo me ocuparé de mí misma.

Así que Harvey regresó obedientemente a terminar su licenciatura para poder ir a la escuela de medicina porque no importa lo que un niño arrogante pueda pensar a veces, es el trabajo de los *padres* sacrificar todo por el niño, no viceversa. Le di todo a mi Harvey, y ahora Harvey le da todo a sus hijos. Esa es la dirección en la que el sacrificio fluye, no hacia arriba de las generaciones, sino hacia abajo.

Cuando Harvey subió al escenario para aceptar el diploma que lo certificaba como médico, yo estaba entre el público, como ambos habíamos soñado. Todavía estaba muy delgada y muy débil, pero mi cáncer estaba en recuperación. Harvey bajó del escenario, me entregó el diploma que acababa de recibir y me dijo:

—Mamá, este diploma está dedicado a ti. Soy médico gracias a ti —ya me había dado su diploma de licenciatura. Cuando consiguió su primer consultorio, no tenía diplomas para colgar para asegurar a sus pacientes sus credenciales, ¡porque me los había dado todos a mí! Tenía que pedir copias a las escuelas.

Cuando me diagnosticaron cáncer, los médicos me dieron tres meses de vida. Eso fue hace veinte años.

Cuando Harvey tenía seis años, tuve que buscarlo. Él no lo sabía en ese momento, pero cinco años antes, había comenzado una búsqueda diferente. Poco después de dejar a mi marido, cuando Harvey tenía solo un año, dejé a Harvey al cuidado de amigos y volé a Colombia para intentar encontrar a mi madre.

La Fuente de mi Inspiración

Me reuní con parientes y amigos de parientes y amigos de esos amigos, persiguiendo pistas resbaladizas sobre el paradero de la mujer que me dio a luz y luego me abandonó. No podía soportar estar lejos de Harvey mucho tiempo, así que me fui de Colombia con mi búsqueda aún sin terminar.

Volví una vez más, mientras Harvey era un niño pequeño, pero de nuevo sin éxito. Luego, después de rescatar a Harvey de su padre, decidí que ya era suficiente. Regresé a Colombia, con la intención de terminar el trabajo. No detuve mi trabajo de detective aficionado hasta que la encontré.

No estaba contenta de verme, pero me recibió en su casa de todos modos. Su casa era una choza de una habitación, que compartía con los tres hijos que tenía con su segundo marido, con el que había dejado a mi padre. Ese marido la había dejado, y la dejó con tres hijos que criar, lo cual se esforzó en hacer con trabajos ocasionales aún más lamentables que los míos al principio de mi maternidad soltera.

Mi madre era fría conmigo. Parecía deleitarse refiriéndose a esos tres niños como "su familia", como si los tres hijos que había tenido antes no contaran. Pero a pesar de mi enojo y su feo comportamiento, sentí mucha simpatía por ella. Era una madre que vivía al límite. Yo conocía esa vida.

Así que me mantuve en contacto con ella, a pesar de que me rechazaba regularmente, y recaudé el dinero e hice los contactos que finalmente le permitieron mudarse a los Estados Unidos con su hijo mayor, mientras que los dos niños más pequeños se quedaron con familiares. Expresó una escasa gratitud, pero continuó contrariándome. Sigue refiriéndose a sus tres hijos menores, de su segundo matrimonio, como "sus hijos" sin mencionarme a mí o a mis hermanos. Sin embargo, adora a Harvey. Son muy cercanos. He luchado con mi ira por la calidez que le muestra a Harvey, que nunca mostró por mí, su hija. Pero reprimo esa ira, prefiriendo agradecer que Harvey tenga una relación amorosa con su abuela.

Vivía una vida más cómoda en los Estados Unidos, pero nunca superó el nivel de una pobre madre soltera que trabajaba en trabajos ocasionales. Se comportó conmigo de manera venenosa, como lo hizo con mi padre... y creo que terminó envenenándose con su propia negligencia. No hubo una reinvención exitosa para ella.

Pero si hay algo que he aprendido, es que hay que perdonar. Guardar rencor es su propio tipo de veneno. Nunca podría haberme convertido en una técnica de ultrasonido, haber vencido el cáncer, haber criado a un niño increíble, o ninguna de las cosas que logré en mi vida, cosas de las que estoy orgullosa, si me hubiera aferrado a mi enojo con mi madre por haberse ido, o con mi ex marido por patear o secuestrar a mi hijo, o con mi padre por mudarse a Estados Unidos y dejarme al cuidado de los rapadores de cabello.

Harvey dice que necesitas un fuerte *Por Qué* y todo sigue. No solo tiene razón, sino que lo heredó de mí. Mi *Por Qué* -ver a mi hijo obtener su diploma de la escuela de medicina después de luchar para criarlo como una madre soltera durante décadas- me impulsó a luchar contra el cáncer terminal en remisión.

No hay límites en este mundo. Puedes sentirte limitado por las circunstancias: quiénes son tus padres, quiénes son tus hijos, dónde naciste, el tamaño de tu cuenta bancaria, tu talento para la escuela, y un millón de cosas más. Pero tienes dones de los que no te das cuenta. Yo era una madre soltera, pero tenía un padre y hermanos que me querían. En mi hora de necesidad, podía pedir prestado un refugio en forma de almacén, y un vehículo de escape en forma de un camión de 18 ruedas.

No tenía mucho, pero no tenía *nada*. Es difícil construir algo de la nada, pero te sorprendería lo mucho que puedes hacer con un poco. Todo se reduce a esto, ¿cuánto lo quieres y por qué lo quieres?

Entonces cuenta de nuevo. Tal vez no tengas dinero en tu cuenta bancaria... ¿pero *qué* tienes? ¿Algún favor para llamar? ¿Un jefe que podría estar dispuesto a ayudar? ¿Unos minutos extra en un teléfono móvil de prepago? ¿Qué es lo que tienes? Puede que no parezca mucho... pero el mundo está *lleno* de gente que hizo grandes movimientos con menos que eso.

Así que no te centres en lo que *no* tienes. A algunas personas les resulta más fácil dejar ir lo que les pasó en el pasado, o las probabilidades que ven se acumulan en su contra. Mi Harvey es una persona naturalmente positiva, y yo también. Pero no se trata de sonreír ante la miseria. Cada contratiempo me golpeó duro. Cada contratiempo golpeó duro a Harvey. A veces nos desesperamos, pensando que nunca lo lograríamos. Tener ese pensamiento no es la causa de que suceda.

Lo que importa no es que hayas tenido el pensamiento negativo, sino cómo te recuperas. Tómate una hora, tómate un día, tómate varios días para deprimirte, y luego mira cómo te recuperas. Reconoce que la amargura, la autocompasión y la mentalidad de víctima no son productivas. Podrías pensar que son verdaderos, pero aún así puedes reconocer que *no son producti-*

Reinventa Tu Exito

vos. Cuanto más los descartes como *improductivos*, más te darás cuenta de que no son verdaderos, solo es una forma de ver algunas circunstancias. Hay muchas maneras de ver las mismas circunstancias. E incluso si te dieron una paliza, la amargura y la autocompasión no encuentran a tu hijo secuestrado. No facilitan el dejar a un cónyuge abusivo, de hecho, lo hacen más difícil. No te ayudan a vencer el cáncer, de hecho, ayudan a que el cáncer te venza.

El hecho de que hayas tenido un pensamiento negativo una vez, o incluso varias veces, no significa que seas una persona negativa y estés condenada al fracaso. Incluso mientras luchas por superar la inercia de una serie de malas circunstancias, busca *una cosa* en la que puedas tener éxito. El éxito lleva a otros éxitos. Al tener éxito en una cosa, incluso en una simple, preparas el terreno para éxitos cada vez más grandes, porque ya no eres una "persona que fracasa", eres una "persona que tiene éxito".

Y recuerda, habrá reveses. No debe ser tan dramático como el cáncer, pero en algún momento, cuando todo parece ir a tu favor, la vida te lanza una bola curva. No te desvíes de tu camino. Concéntrate en tu *Por Qué*. Ya has superado desafíos antes, y los superarás de nuevo.

Recuerda, nunca "se detiene". Nunca "llegas". Piensa en la escalera de productividad de Harvey. No importa lo alto que subas, siempre hay más que subir... ¡y eso es algo grandioso porque nada te detiene! Puedes hacer tu vida tan grande como quieras.

Te reinventarás varias veces. Harvey no es el único. ¿Crees que me detuve para convertirme en técnico de ultrasonido?

¿Después de que probé el éxito y lo bien que se siente? Por supuesto que no. Estoy estudiando para convertirme en reflexólogo, una técnica de "medicina tradicional" de curación a través de puntos de presión. También estoy estudiando para ser un Maestro de Reiki, especialista en masaje energético. Dudo que haya terminado.

Nunca dejaré de reinventarme. Con Harvey como ejemplo, ¿puedes culparme? Es increíble... si das el ejemplo correcto a tus hijos, con el tiempo se convierten en *tu* ejemplo, reflejando tus valores y manteniéndote en tu propio camino. Ayuda que el bienestar de tus hijos sea un excelente *Por Qué*. Al aprender técnicas de curación no tradicionales, tal vez continúo en mi *Por Qué* para hacer que mi excepcional niño se sienta orgulloso de su madre. O tal vez solo quiero darle a sus poderes de curación una carrera por su dinero.

Si no estás listo para un gran movimiento, empieza con algo pequeño. Empieza con un movimiento pequeño. Antes de tomar clases para convertirme en técnico de ultrasonido, tuve que visitar el laboratorio de ultrasonido. Eso no me costó *nada*, excepto unos minutos de un descanso para el café. No me costó nada reunir el valor para pedirle a mi jefe que reorganizara mi horario de trabajo. Todo esto fue antes de que pagara un centavo de matrícula o entrara en un aula. Son lo que Harvey llama pasos de acción de "lentes de primer plano".

Finalmente, mira a tus hijos, y nunca los subestimes. Incluso si tuvieron un comienzo difícil, te sorprendería el fuego que las circunstancias difíciles encenderán en ellos. Aviva esa llama. Confía en ellos, y al hacerlo hazte merecedor de esa confianza. Da el ejemplo. Tienen mucha energía acumulada y la usarán para el bien si entienden que mamá o papá son buenos y *esperan* que lo sean.

Si son talentosos en la escuela, aliméntenlos. Si no, *no los critiquen*. No puedes convertir un talento natural en matemáticas o biología en un niño. En cambio, averigua en *qué* tienen talento y apóyalos en eso. Sean sus incansables seguidores, sus mayores animadores. Ayúdenlos a convertirse en lo que *quieren* ser, no en lo que ustedes quieren o esperan que sean.

No les dejes escapar si hacen algo malo. Asegúrate de que sepan que los amas, pero esperas que lo hagan mejor. Hazles saber que todo el mundo comete errores, pero no es razón para no hacer lo mejor.

Lo más importante, ayúdales a disfrutar del presente, pero ayúdales a pensar en su futuro. Siempre les pregunto a los adolescentes, "¿Dónde vas a ir a la escuela? ¿Qué es lo que te gusta? ¿Qué quieres ser cuando seas mayor?" Estoy seguro de que lo encuentran molesto, pero creo que es importante. Creo que deberían jugar y ser niños, pero que tienen que pensar al menos un *poco* en los adultos que serán algún día. Un niño de 12 años no tiene que estar a medio camino de la escuela de medicina para decir "quiero ser médico", ni tampoco tiene que inscribirse inmediatamente en un campamento de biología (a menos que quiera).

Pero no haga que sus hijos dejen de soñar, ni siquiera a una edad temprana. Si quieren ser mecánicos, desarrolladores de videojuegos, escritores, fotógrafos, cocineros, lo que sea que quieran hacer, háganles saber que está bien. Pueden tomar medidas ahora si quieren, pero tomarán medidas más grandes en el futuro, una vez que estén listos.

La Fuente de mi Inspiración

Estoy agradecida a mi increíble hijo y agradecida a Dios por mi hijo y por cada victoria y derrota que me trajo aquí. Nunca pensé que escribiría un capítulo de un libro. La vida está llena de sorpresas, muchas de ellas buenas, si sales a buscarlas. La vida es corta. Aprovecha al máximo cada día que se te ha dado. Reinvéntate ahora, ¡y no pares nunca! Al reinventarte, motivarás a tus hijos y a otros a seguir tu ejemplo. El amor de una madre te dará el *Por Qué* de construir para tus hijos un mejor mañana.

Puntos Clave:

- **¡Escucha a tu madre!**
- Si tu madre ha perdido su lugar en tu círculo de confianza, escucha a la madre de Harvey.

La Fuente de mi Inspiración

Made in United States
Troutdale, OR
03/31/2025